KB010273

하루 30분 부동산투자

빅데이터, 프롭테크 앱으로 나도 부동산 고수!

하루 30분 부동산 투자

주창욱, 방유성, 오용택 지음
박종우 그림

추천사

이 책은 건국대학교 부동산대학원에서 프롭테크를 공부한 재학생들이 모여 자신들이 일하는 전문 분야와 관련된 내용을 정리한 책입니다. 프롭테크 산업을 선도하는 부동산 전문가와 IT 전문가로서 먼저 경험하고 체득한 내용을 이 책에 담았습니다.
프롭테크에 관심있는 분들은 물론이고, 부동산 산업의 새로운 방향과 부동산 투자의 새로운 트렌드에 대해 궁금한 분들에게 일독을 권합니다.

– 유선종 교수 (건국대학교 부동산 대학원 프롭테크 주임교수)

공간 정보를 한곳에서 편리하게 본다면 그만큼 시간과 돈을 절약할 수 있습니다. 특히 부동산은 다양한 변수에 의해 가격이 결정되고, 비싼 가격만큼이나 찾아봐야 할 정보도 많아서 더욱 그러합니다. 최근 부동산 관련 프롭테크 기업들의 값진 노력의 결과로 보다 쉽게 정보에 접근할 수 있으며, 이를 바탕으로 합리적인 판단과 투자 결정을 내릴 수 있게 되었습니다. 이 책은 실제 시장의 다양한 상황에서 프롭테크를 응용하는 내용으로 구성되어 있어서, 일독하면 좀 더 스마트하게 부동산 투자를 하실 수 있을 것입니다.

– 심교언 교수 (건국대학교 부동산 대학원 건설개발 주임교수)

프롭테크는 IT 기술을 활용해 소비자에게 투명하고 정확한 부동산 정보를 제공하며, 공급자 중심의 폐쇄적이었던 부동산 시장을 개선했습니다. 이 책은 프롭테크를 활용해 '손품'을 팔아 집을 구하고 부동산에 투자하는 방법을 담았습니다. 그동안 부동산에 막연한 어려움을 느끼셨던 분들이 프롭테크를 통해 부동산과 가까워지길 바라며, 국내 프롭테크가 글로벌 리더로 성장해나갈 수 있도록 많은 관심을 부탁드립니다.

– 안성우 의장 (한국프롭테크 포럼 의장)

오프라인 유통업체에서 디지털로 전환이 빠른 속도로 이루어지고 있는 상황에서 소비자들은 더욱 스마트해지고 디지털 경험을 토대로 더욱 빠르게 온라인 공간으로 이동하고 있습니다.
부동산도 IT 기술을 바탕으로 그동안 발품과 검색을 통해 접근했던 정보들이 프롭테크를 통해 원하는 형태로 가공이 되고 클릭 한 번으로 볼 수 있는 편리한 시대가 되었습니다. 기술과 경험을 바탕으로 만들어지는 국내 스타트업 프롭테크 기업들의 노력은 보다 많은 사람들에게 스마트한 투자를 할 수 있는 기회를 만들어주고 있습니다.
국내에 유수한 프롭테크 기업들의 유용한 사용 방법과 서비스를 알게 된다면 많은 분들이 더욱 쉽게 부동산에 대한 정보를 취득하고 나아가 투자에도 많은 관심을 가질 수 있을 것이라 생각됩니다. 프롭테크 기업들의 다양한 시도와 기술을 보다 많은 사람들이 알게 되고, 스마트한 투자가 되는 기회가 이 책을 통해 이루어졌으면 좋겠습니다.

– 김정환 상무 (신세계 New Retail 담당)

Congratulations on the publication of this book.
PropTech has already changed the global real estate industry and will most certainly change its future on so many levels.
Just as my book #PROPTECH contributed to understanding this change internationally, I believe this book will contribute to the change and understanding of the Korean real estate market.
Korean IT and technology companies are already world leaders; my expectation is that Korean PropTech companies can become global leaders too.

•

이 책의 출간을 진심으로 축하드립니다.
프롭테크는 전 세계의 부동산 산업을 이미 바꾸어왔으며 앞으로는 더욱 바꿀 것입니다. 한국어로 번역된 제 저서 #프롭테크 를 통해 여러분들이 이러한 변화를 이해할 수 있었다면, 이 책을 통해서는 이 변화를 실제로 체감할 수 있는 기회를 갖게 될 것입니다.
삼성전자와 카카오 같은 한국 기업이 세계의 IT를 이끌고 있는 것처럼 한국의 프롭테크 기업이 전 세계 프롭테크 산업을 이끌어가기를 기대합니다.

– Richard W. Brown (The Property Voice 창립자, #PROPTECH 원저자)

IT 강국인 대한민국인데 유독 정보화와 모바일화가 느렸던 분야가 부동산이었습니다. 부동산에 대한 열망에 비해 온라인화가 늦어진 데에 대한 아쉬움이 응집이라도 된 듯 최근엔 발품보다 손품을 팔 수 있도록 돕는 다양한 부동산 관련 앱 출시가 러시를 이루고 있습니다. 단순히 매매가를 보여주거나 거래 가능한 물건을 보여주는 것을 넘어서서 부동산 투자를 할 때 판단해야 할 여러 정보를 알려주는 앱, 건축 시뮬레이션을 보여주는 앱까지 다양한 상품들이 출시되고 있습니다. 아파트뿐 아니라 상가, 빌라, 꼬마빌딩 시장에도 이러한 프롭테크가 유용합니다.
건국대학교 부동산대학원에 재학 중인 전문가 셋이 프롭테크의 활용을 알리기 위해 뭉쳤습니다. 부동산 투자를 위해 프롭테크를 이해하고 다양한 앱을 활용하는 데 도움이 될 것입니다.

– 이주현 대표 (월천재테크, 부동산 시장 전문가)

부동산 업계에 20년 가까이 몸담고 있지만, 불과 1년 전만 하더라도 프롭테크PropTech 용어가 피부에 와닿지 않았습니다. 하지만 이제는 바로 눈앞에서 부동산과 인공지능, 메타버스, 빅데이터 기술들이 접목되는 현장을 하루에도 수없이 목도하고 있습니다. 저 같은 부동산 전문가도 이제는 부동산 빅데이터의 우주에서 미아가 되지 않도록 주의해야 하는 상황인데요. 하지만 마침내 부동산을 잘 모르는 부린이부터 저 같은 업계의 전문가를 모두 아우를 수 있는 사례 중심의 프롭테크 서적이 출간돼 기쁜 마음을 금할 수 없습니다. 이 책으로 하루 빨리 다양한 프롭테크 경험을 공유받고, 급변하는 기술 체계까지 이해할 수 있는 프롭테크 시장의 바이블로 활용하시길 권합니다.

– 윤지해 수석연구원 (부동산R114)

나라마다 모습은 다르지만 성인이 되면 먹고살 것을 구하는 일이 전 세계인의 공통적인 고민이다. 부동산 산업이 내 집 마련과 재테크 두 가지 측면에서 발전해온 것도 이 점을 고려하면 자연스러운 현상이다.

건국대학교 부동산대학원 동문인 우리 세 사람이 이 곳에 진학한 이유는 각자 달랐지만, 함께 부동산을 공부하며 느끼는 생각과 고민은 크게 다르지 않았던 것 같다. 어떻게 내 집을 마련하고 자산을 늘려갈 것인가 - 두 가지 고민이 함께 이 책을 준비하는 계기가 되었다.

우리가 공부하고 경험한 것을 혼자만 갖고 있기 보다는 다른 사람들과 나누고 싶다는 생각으로 이어졌다. 어디서부터 손을 대야 할지 모르는, 부동산투자에 막연한 두려움을 갖고 있는 사람들이 이 책을 통해 한 걸음씩 그 두려움을 극복해갈 수 있지 않을까. 서민들의 내 집 마련에 또 다른 측면의 도움이 될 수 있지 않을까 하는 생각이다.

이 책은 아직 경제활동을 시작하기 전인 학생부터 내 집 마련을 고민하는 사회초년생, 그리고 자산을 늘리기 원하는 중년층까지 모두를 대상으로 한다.

시중에 많은 부동산 서적이 있지만, 필요하다고 느끼면서도 기존 부동산 서적이 다루는 전문적인 내용까지 손쉽게 다가가지 못하는 사람들이 더 많다.

그래서 프롭테크 기술의 발달로 부동산 정보에 쉽고 빠른 접근이 가능하게 된 시대의 변화를 소개하고, 화면을 중심으로 앱 기능을 하나씩 따라해보도록 구성해 막막하던 부동산 공부의 첫걸음을 떼는 데 도움을 주고자 했다.

하지만 입문서의 성격상 기본적인 내용만을 다루었으므로 실제 부동산 구입과 투자를 위해서는 다양한 전문서적과 유투브 등을 좀 더 공부해서 각자에게 가장 좋은 방법을 알아보고 선택하기를 추천한다.

부동산이 더 이상 고민이 되지 않는 시대를 꿈꾸며, 부족하지만 이 책이 여러분의 삶에 하나의 전환점을 마련하는 계기가 되기를 소망한다.

2022년 1월
주창욱, 방유성, 오용택

추천사 4

저자의 말 8

part1
프롭테크로 부동산 첫 발 떼기

1 기승전 부동산 17

2 달라진 세상, 스마트한 내 집 마련 19

3 용돈으로 부동산 투자하는 세상 23

| 오늘부터 투자자 | 집값을 오르고 내리게 하는 5가지 요소 25

part2
프롭테크로 내 집 마련하기

1 앞으로 어느 지역이 유망할까? 32

앱으로 유망 지역 찾아보기 부동산지인, 아파트실거래가

2 어느 단지를 선택할까 53

앱으로 유망 단지 찾아보기 호갱노노, 리치고

| 오늘부터 투자자 | 수도권 1억 미만 갭투자로 내 집 마련하기 67

| 오늘부터 투자자 | 경매로 내 집 마련하기 69

part3
프롭테크로 자산 늘려가기

1 재개발 단지 미리 들어갈까 86

적은 자본으로 미래의 내 집 마련하기 정비사업 정보몽땅, 부동산 플래닛

2 땅 살 때도 스마트하게 97

앱으로 유망 토지 찾아보기 일사편리, 토지이음, 씨:리얼, 디스코

3 내 땅에 건물 지으면 나도 이제 건물주 110

건물 짓는 방법 한 단계씩 알아보기 랜드북, 닥터빌드

part4
프롭테크로 시작하는 부동산 소액투자

1 온라인으로 부동산에 투자하는 방법 134

앱으로 부동산 투자하기

투게더펀딩, 어니스트펀드, 피플펀드, 헬로펀딩, 카카오페이

2 커피 한 잔 값으로 이루는 건물주의 꿈 151

주식처럼 건물에 투자하기 카사

| 오늘부터 투자자 | 댑스에 관한 궁금증 풀기 157

part5
프롭테크? = 부동산 + 기술!

1 프롭테크 한 번에 이해하기 166

2 우리나라의 주목할 프롭테크 기업 176

부록1 부동산 사례별 프롭테크 앱 활용 기능 안내 208

부록2 부동산 투자 상품은 어떻게 고를까 212

부록3 온라인투자 연계금융(P2P) 이란 220

하루 30분 부동산 투자

Part 1

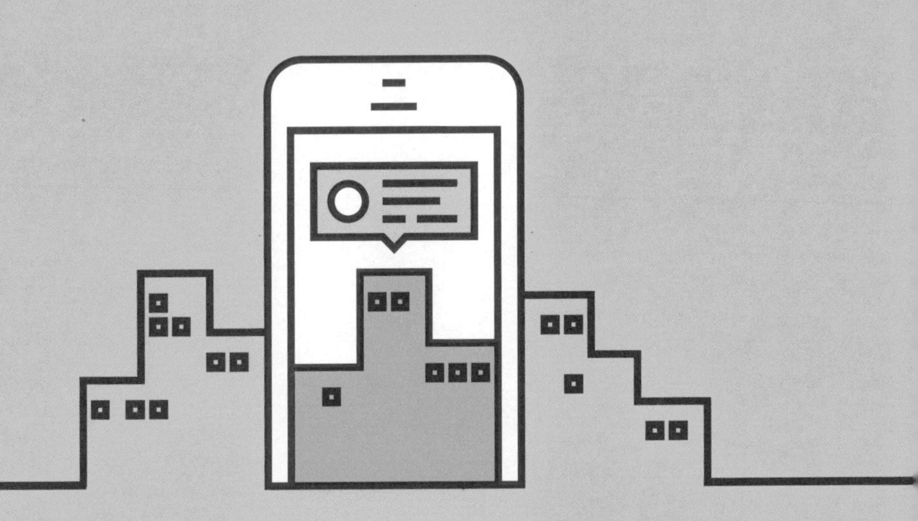

프롭테크로 부동산 첫 발 떼기

들어가며:
기승전 부동산

최근 몇 년 새 부동산 가격이 껑충 뛰면서 사람이 여럿 모이기만 하면 꼭 부동산 얘기가 나온다. 서점에는 부동산 투자 도서가 넘쳐나고 유튜브에도 '돈 좀 벌어봤다'는 투자자가 한둘이 아니다. 저자인 우리도 이런 분위기에서 좀 더 본격적으로 부동산을 공부하려고 비슷한 시기 부동산대학원에 입학했다. 하지만 혼자 공부하는 길은 여간 어려운 게 아니었다. 그래서 십시일반 아는 것을 나눠보자며 한 자리에 모였다.

이 책을 함께 만든 사람들

창욱
프롭테크 전문가

유성
개인투자 전문가

용택
부동산금융 전문가

창욱 부동산 투자, 조금만 배우면 금방 알게 될 줄 알았는데 쉽지 않네요. 그렇다고 여윳돈이 많아서 이것저것 무작정 사볼 수 있는 것도 아니구요.

유성 그러게요. 최근 내 집을 장만한다고 나름 열심히 발품을 팔았는데, 요즘 젊은 친구들을 못 따라 가겠더라구요. 이제는 발품이 아니라 '손품'을 판다나? 필요한 정보의 80%는 임장(현장답사) 전에 애플리케이션(앱)으로 다 조사한다고 하네요.

용택 주택 매매가 부동산 투자의 전부는 아니에요. 예전에 빌딩 투자나 토지 개발은 수백억 원대 자산가 정도나 가능했잖아요? 요즘은 금융 기술이 발달해서 저 같은 평범한 사람도 쉽게 참여할 수 있게 됐어요.

창욱 지금 말한 게 다 프롭테크 덕분에 가능한 겁니다. 전통 산업이던 부동산이 기술을 만나면서 새로운 형태의 투자가 가능해진 거죠.

창욱 유성 용택 그럼 우리끼리만 얘기할 게 아니라 '스마트하게 부동산 투자하는 법'을 책으로 한번 정리해볼까요? 사람들에게 부동산 투자 방법의 변화를 알려주고 더 좋은 투자 상품을 만드는 데도 도움이 될 것 같아요.

달라진 세상, 스마트한 내 집 마련

무작정 부동산 돌며 집 구하던 것도 옛말

10년 전쯤 결혼을 앞두고 신혼집을 구하러 한 달 넘게 부동산을 헤맨 기억이 있다. 일단 네이버부동산에서 회사 인근 매물을 찾아 부동산 중개업소에 일일이 전화하고 찾아가 내부를 확인했다. 조금이라도 저렴한 곳을 찾다보니, 회사에서 조금 떨어진 (부동산에서 소개해준)집을 결국 계약했다.

나중에 알고보니 그 정도 예산이면 회사 근처에서도 충분히 집을 구할 수 있었다. 당시엔 그게 최선이었다. 결혼 준비로 바쁜 와중에, 퇴근

후나 주말에 직접 집을 확인해야 했기 때문이다. 매물이 있는 지역에 사는 지인이나 회사 인근에 사는 동료에게 물어봤다면 더 정확한 정보를 얻을 수 있었겠지만 그 역시 말처럼 쉽지는 않았다.

시간이 흘러 자녀를 키우는 입장에서 다시 집을 알아보게 됐다. 시각이 많이 바뀌었다. 지금보다 학원가가 잘 형성되어 있으면서, 출근하기도 편한 곳으로 이사할 집을 알아봤다. 부동산 유튜브나 블로그도 찾아 보고, 지금보다 좋은 지역에 대한 자료도 찾아볼 수 있어선지 10년 전보다 훨씬 정보가 많고 찾기도 수월했다. 하지만 부동산 전문가와 블로거들이 언급하는 지역 매물을 찾아 일일이 임장을 가려니 역시 예전만큼 많은 시간이 필요해 보였다. 게다가 최근 급격하게 오른 집값 때문에 '상투' 가격에 집을 사는 것 아닌가 하는 걱정도 적지 않았다.

예전이면 직접 부동산을 돌았겠지만, 이번에는 먼저 부동산 유튜브에서 본 '호갱노노' 앱를 설치해 실거래가, 시세를 비교했다. 자꾸 눈이 가는 지역의 대장 아파트 단지와 내가 사려는 아파트 가격도 비교하며 나름대로 판단해봤다. 앱만으로도 그 아파트의 관리비, 내부 평면도, 학군과 학원가 등 다양한 정보를 한눈에 알아볼 수 있었다. 특히 예산 내에서 원하는 규모의 아파트 단지를 비교 검색할 수 있어 상당히 편리했다.

재개발, 토지 투자를 통해 내 집 늘려가기

재개발, 재건축 투자도 마찬가지다. 예전에는 이미 지어진 아파트나 청약으로 입주할 아파트를 발품을 팔아가며 찾았다. 하지만 이제는 '부동산 플래닛'과 '리치고' 앱을 통해 재개발, 재건축이 가능한 물건을 한눈에 볼 수 있다. 이른바 '손품'을 팔면 된다. 같은 값에 더 좋은 학군, 더 회사와 가까운 곳으로 이사갈 수 있다면 그게 얼마나 좋은 기회인지 모른다.

리치고는 지도에서 재개발 단계를 볼 수 있고, 클릭하면 언제 무엇이 진행되는지 보여줘서 편리하다. 여러 블로그나 '정보몽땅' 같은 사이트를 뒤져가며 재개발 자료를 찾는 수고를 덜어준다. 또 지역 '대장' 단지를 비교검색할 수 있어, 해당 재개발 매물을 사는 가격과 나중에 입주할 아파트 가격을 찾아볼 수도 있다. 서울과 경기도에서 지금도 진행되는 수많은 재건축, 재개발 사업을 일일이 현장에 찾아가거나 관련 자료를 뒤지지 않고 지도 위에 표시된 해당 단지를 클릭하는 것으로 바로 정보를 알 수 있다.

필자는 이 같은 정보를 바탕으로 재개발이 진행되는 아파트를 지역 '대장' 아파트보다 훨씬 저렴한 가격에 계약했다. 물론 앞으로 꽤 긴 기간을 기다려야 하겠지만, 현재 가진 예산으로 향후 가치를 보고 투자했다. 프롭테크 기술의 수혜로 시간과 발품을 줄이며 얻은 결과다. 당연히 최종 결정을 앞두고는 그 지역에 가서 임장현장답사을 했지만, 앱과 홈페이지를 통해 이미 많은 정보를 알고 갔기에 시간을 아낄 수 있었다.

아껴 모은 재산으로 토지를 사고 건물을 지어 자산을 늘려가는 것도 예전보다 훨씬 간편해졌다.

'토지이음' '씨:리얼' 을 통해 토지정보를 쉽게 분석하고, '일사편리' 를 통해 증명서 발급도 편리하게 할 수 있다. '디스코' 앱을 사용하면 먼저 관심지역의 토지가 개발 가능한지, 실거래가는 얼마인지 확인할 수 있다. 예전에는 땅이 있어도 건물 짓는 과정이 용이치 않았지만 이제는 '랜드북' 과 '닥터빌드' 를 통해 많은 도움을 받을 수 있다. 자산을 늘려가며 건물주가 되는 것을 막연한 꿈만으로 두지 않아도 된다.

★참고영상 : 직장인 아파트 매입기 youtu.be/YvFdStSadtk

용돈으로 부동산 투자하는 세상

그런가 하면 예전엔 엄두조차 못 내던 빌딩 같은 상업용 부동산에 소액으로도 투자할 수 있게 되었다. 그동안 이 시장은 개인이 접근할 기회도, 정보도 많지 않았는데 최근에 부동산 금융과 핀테크가 접목되어 소액으로 투자할 수 있는 스마트한 환경이 조성되었다.

예를 들어 카카오페이에 소개된 '온라인 연계투자'를 통해 부동산 상품에 소액투자한 후 이자를 받을 수도 있고, '카사' 앱으로는 특정 건물에 간접투자하여 3개월마다 배당을 받아 실제 건물주처럼 임대수익을 누릴 수도 있다. 리츠를 통해 대규모 부동산에 간접투자할 수도 있지만, 카사는 내가 원하는 건물을 지정해 투자하고 매매로 시세 차익까지 기대할 수 있다는 점에서 다르다.

다시 말해 부동산 관련 프롭테크 앱으로 살 집을 구하듯, 부동산 투자도 스마트하게 할 수 있다.

수많은 오프라인 산업이 디지털 기술을 통해 바뀌고 있지만, 부동산 산업에서 일어나는 변화는 정보의 비대칭성을 직접적으로 해소하는 측면이 있어 그 체감도가 훨씬 더 크다. 이러한 변화에 적응한다면 스마트하게 내 집을 마련하거나 부동산 투자를 하는 데 많은 도움을 받을 수 있을 것이다. 지금이라도 당장 스마트폰을 꺼내 이 책에서 소개하는 부동산 앱을 설치하고 하나씩 배워가면 어떨까?

집값을 오르고 내리게 하는 5가지 요소

내가 살 집을 마련할 때 가장 먼저 챙겨야 할 것은 지역 선택이다. 사람마다 처한 상황과 환경이 다르니, 거주지역을 선택하는 기준도 다를 수밖에 없다. 다만 다양한 기준 중 아래 다섯 가지는 수요자가 반드시 고려해야 할 요소다.

■ 집을 살 때 고려하는 다섯 가지 요소

이 다섯 가지 요소는 주택 수요에 고스란히 반영된다. 이 요소들이 완벽하게 갖춰진 지역일수록 수요가 늘어난다. 특정 지역에서 주택 수요가 늘어날 것으로 예상되면 당연히 주택 건설이 늘어나고, 반대로 수요 감소가 예상되면 공급도 줄어든다. 정부가 주도적으로 공급 우선 정책을 펴는 경우에도 이들 요소가 두루 고려된다.

이처럼 주택 수요와 공급을 파악하면 가격 추이를 이해하기도 쉽다. 다시 말해 앞으로의 가격 변동도 어느 정도 예상할 수 있다는 얘기다. 또 가격 흐름을 파악하고 있으면 사람들이 언제 집을 사고 팔려고 할지 미리 예상해볼 수도 있다. 어떤 동네 집값이 몇 년째 계속 오르고 있다면 하루라도 빨리 집을 사려고 할 것이고, 반대로 내리고 있다면 주저하게 될 테니까. 누구에게나 주택 가격은 집을 마련하는 데 있어 가장 우선적인 고려 요소다.

■ 집값이 결정되는 원리

하지만 투자라는 게 이렇게 쉬울 리는 없다.

위의 다섯 가지(일자리 · 교통 · 학군 · 편의시설 · 자연환경) 요인만으로 수요와 공급, 또 그에 따른 가격 향방을 완벽하게 예측할 수는 없다. 가격을 결정하는 요인은 그 외에도 수없이 많기 때문이다. 이를테면 잠재 수요층의 소득과 매매 시점의 금리가 집값을 올리거나 내릴 수 있다. 보다 정확한 분석을 위해서는 부동산 거래량, 입주 예정 물량, 미분양 물량, 인구 수와 세대 수, 인구의 전출입, 전세가율까지 두루 살펴봐야 한다.

과거에는 이런 분석이 해당 지역에 밝은 중개인만의 노하우였지만, 최근에는 스마트폰 하나만 있으면 빅데이터를 활용해 직접 분석할 수 있다. 주변에 도움을 청하기 전 기본적인 내용을 미리 파악해볼 수 있게 된 것이다.

하루 30분 부동산 투자

Part 2

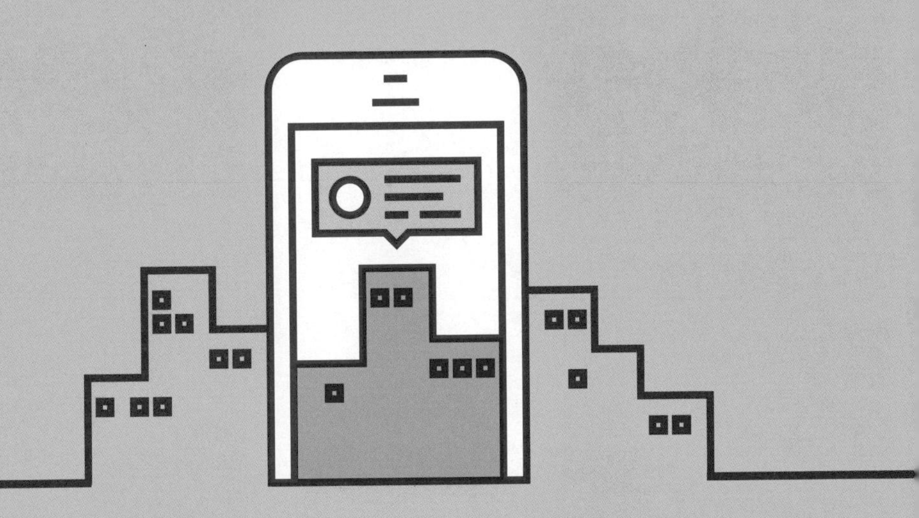

프롭테크로 내 집 마련하기

창욱 내 집 하나 마련해보겠다고 신입사원 때부터 열심히 저축을 해왔는데 막상 집을 살 때가 되니 고려할 게 한두 가지가 아니에요.

유성 맞아요. 큰돈 드는 일인데 덮어놓고 계약할 수는 없으니까요.

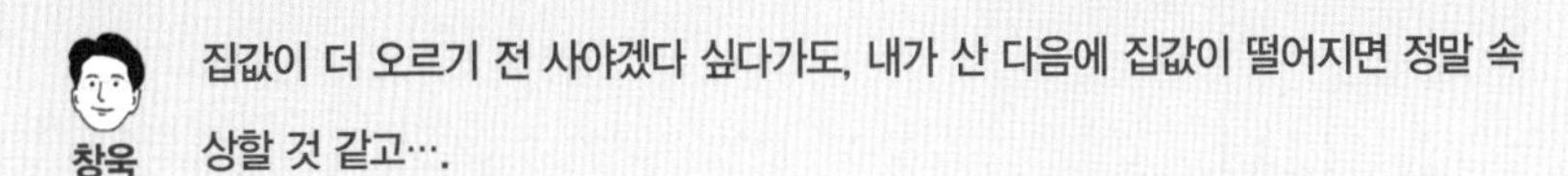

창욱 집값이 더 오르기 전 사야겠다 싶다가도, 내가 산 다음에 집값이 떨어지면 정말 속상할 것 같고….

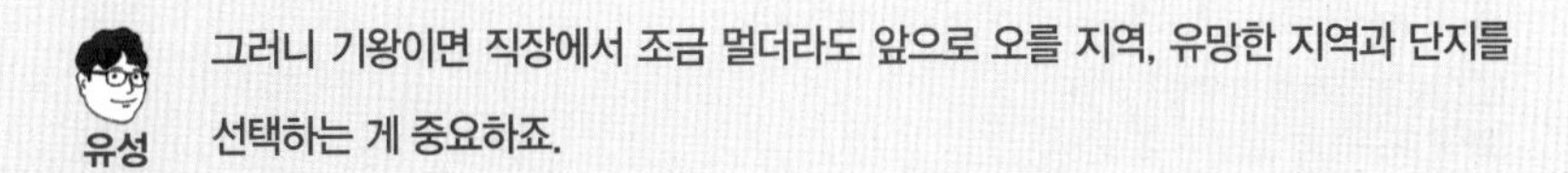

유성 그러니 기왕이면 직장에서 조금 멀더라도 앞으로 오를 지역, 유망한 지역과 단지를 선택하는 게 중요하죠.

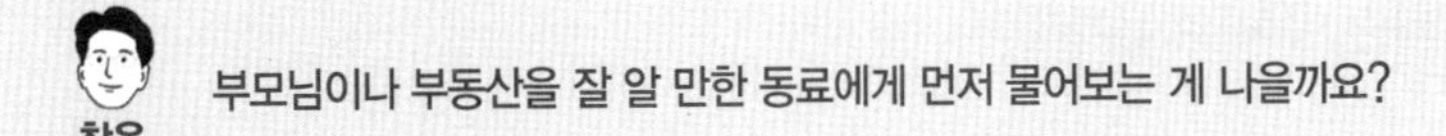

창욱 부모님이나 부동산을 잘 알 만한 동료에게 먼저 물어보는 게 나을까요?

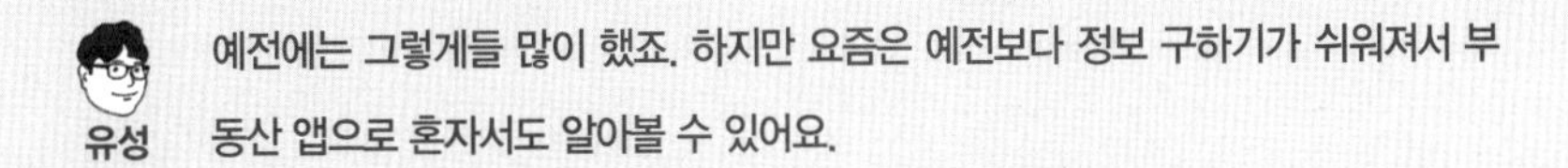

유성 예전에는 그렇게들 많이 했죠. 하지만 요즘은 예전보다 정보 구하기가 쉬워져서 부동산 앱으로 혼자서도 알아볼 수 있어요.

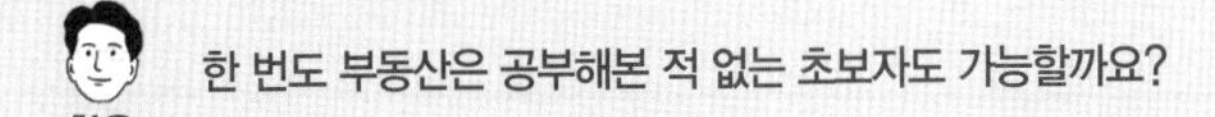

창욱 한 번도 부동산은 공부해본 적 없는 초보자도 가능할까요?

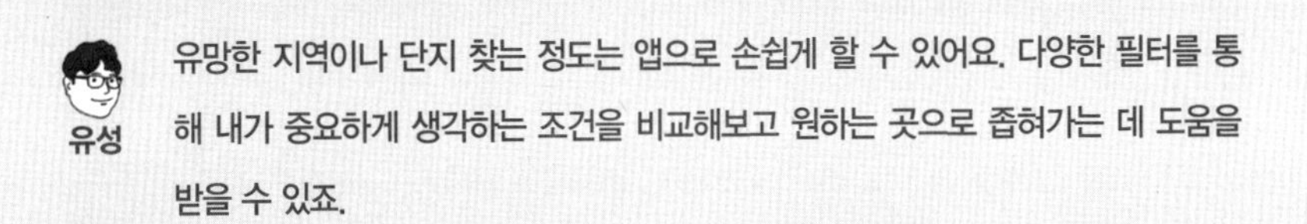

유성 유망한 지역이나 단지 찾는 정도는 앱으로 손쉽게 할 수 있어요. 다양한 필터를 통해 내가 중요하게 생각하는 조건을 비교해보고 원하는 곳으로 좁혀가는 데 도움을 받을 수 있죠.

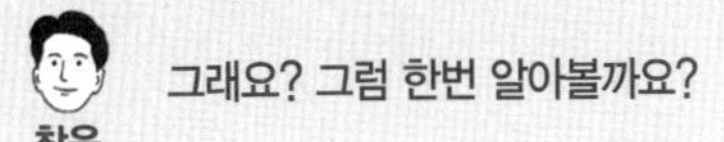

창욱 그래요? 그럼 한번 알아볼까요?

※ 이 장의 데이터는 원고 작성 시점 기준이므로 일부 내용은 현재와 다를 수 있습니다.

앞으로 어느 지역이 유망할까?

부동산지인, 아파트실거래가

이제부터는 최대한 정확하게 부동산 환경을 파악할 수 있는 방법을 찾아낼 것이다. 앱에서 제공하는 기능이 어떤 예측에 가장 요긴하게 쓰일 수 있는지 파악하면 투자에 안전장치를 하나 더할 수 있다.

시중에 부동산 관련 앱이 여럿 나와 있는데, 어느 앱에서든 다음 지표들을 공통적으로 찾아볼 수 있다.

■ 부동산 앱이 공통적으로 보여주는 지표

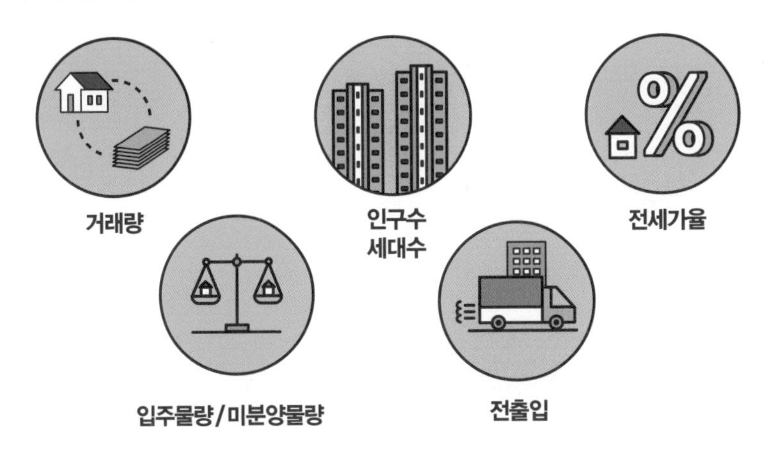

사람들이 많이 쓰는 부동산 앱은 수준 높은 정보를 제공하기 위해 단편적인 주택가격을 정리하는 수준을 넘어, 향후 가격 추세를 예측할 수 있는 다양한 요소와 정보까지도 제공한다. 대표적인 것이 아파트 시장분석 전문 서비스 '부동산지인'의 시장강도 지수와 부동산 실거래가 정보 플랫폼 '아파트 실거래가'의 주택가격 심리지수다.

아파트 가격이 오를지 내릴지 판단하는 부동산지인 [시장강도]

부동산지인의 시장강도는 입주물량, 실거래가, 기준금리, 인구, 연령별 인구 구조, 지방세, 소득세, 소득 규모, 산업 구조, 대출, 취업자 수

등 다양한 정보를 분석해 아파트값이 오를지 내릴지 알아보는 지수다. 집값이 오를지, 내릴지 직관적으로 판단할 수 있는 지표를 제공하겠다는 취지로 개발됐다.

① 시장강도 한눈에 보기 부동산 지인 〉 지역분석 (로그인 후 사용 가능)

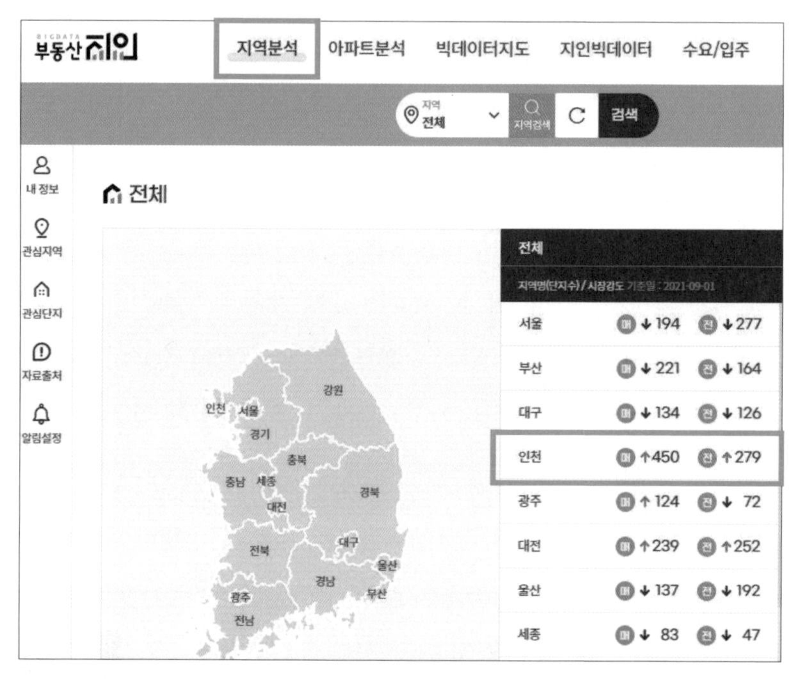

부동산지인 지역분석

부동산지인 홈페이지의 지역분석 메뉴에서는 다양한 데이터를 분석한 시장강도를 직관적으로 확인할 수 있다. 시장강도는 지역별 매매강도와 전세강도로 구분돼 있으며, 이를 통해 내가 살 지역의 주택가격 변화 추이를 살펴볼 수 있다.

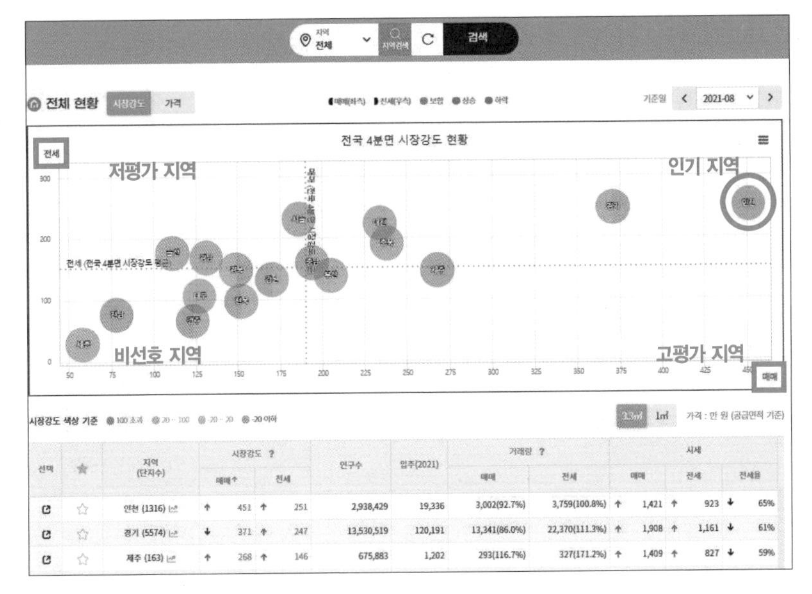

부동산지인 전체 현황

지역분석 하단의 전체 현황에서는 지역별 시장강도 현황이 4분면으로 표시된다. 이를 통해 내가 살 지역의 시장강도를 다른 지역과 비교해볼 수 있다.

시장강도를 기준으로 했을 때 좌측 상단은 전세강도는 높지만 매매강도가 낮은 저평가 지역이며, 우측상단은 매매와 전세가 모두 높은 인기 지역이다. 우측 하단은 매매강도는 높지만 전세강도가 낮은 고평가 지역이고, 좌측 하단은 매매와 전세 모두 낮은 비선호 지역이다. 이 기준으로 볼 때 인천은 매매강도와 전세강도가 둘 다 높은 인기지역임을 알 수 있다.

② 원하는 지역 분석해보기 부동산 지인 〉 지역분석 〉 시장강도/시세

2021년 9월 기준 인천은 매매강도 ↑ 450, 전세강도 ↑ 279 인 인기 지역이다. 그럼 이 지역의 시장강도 추이를 조금 더 분석해보자.

지역에서 '인천' 을 선택하면 매매와 시장강도뿐 아니라 거래량, 수요/입주, 전출입 등 다양한 정보를 볼 수 있으며 하단에는 이를 구별로 분석해 보여준다. 2021년 9월 기준 인천의 인구는 293만 8,429명이고 세대수는 128만 6,456세대다.

아래 멀티차트를 보면, 2020년 3월부터 시장강도가 100을 넘어 매매가와 전세가가 가파르게 상승하는 것을 볼 수 있다. 시장강도가 100을 넘으면 가격이 상승 중인 것이며, 100이 되지 않으면 하락 중인 것이다. 이를 시장 상황 혹은 다른 지역과 비교·분석하면 내가 원하는 지역이 앞으로 오를지 떨어질지 예측하는 데 도움이 될 것이다.

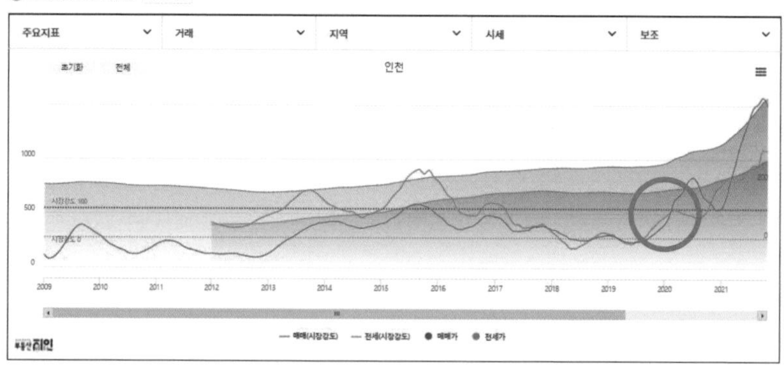

부동산지인 지역분석 시장강도/시세

또 다른 지표인 매매거래량은 2020년 2월 8,449건으로 매매 월평균 거래량 2,753건에 3배에 달한다. 이러한 추세는 6.17 부동산 대책 때 인천이 조정지역으로 지정되는 원인이 된 것으로 보인다. 발표 직후 매매거래량이 떨어지기는 했지만, 다시 상승을 시작해 매매 시장강도가 아직까지 상승하는 원인이 되고 있다. (2021년 8월 기준)

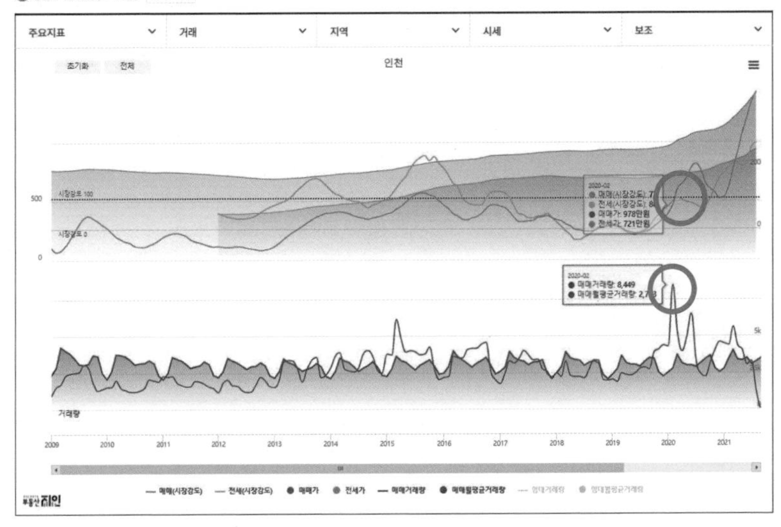

부동산지인 지역분석 인천지역 거래량

한편, 인천의 수요/입주 지표를 보면 2015년부터 입주량이 수요량을 초과하고 있어 2019년까지 가격 변동폭이 적은 편이었다. 물론, 2020년 수도권 부동산 가격 상승의 영향으로 상승폭이 크기는 하지만, 2022년 1월 입주 물량이 39,082세대로 수요 세대인 14,969세대보다 높으므로 이 측면에서 보면 향후 가격 안정을 기대해 볼 수 있을 것으로 전망된다.

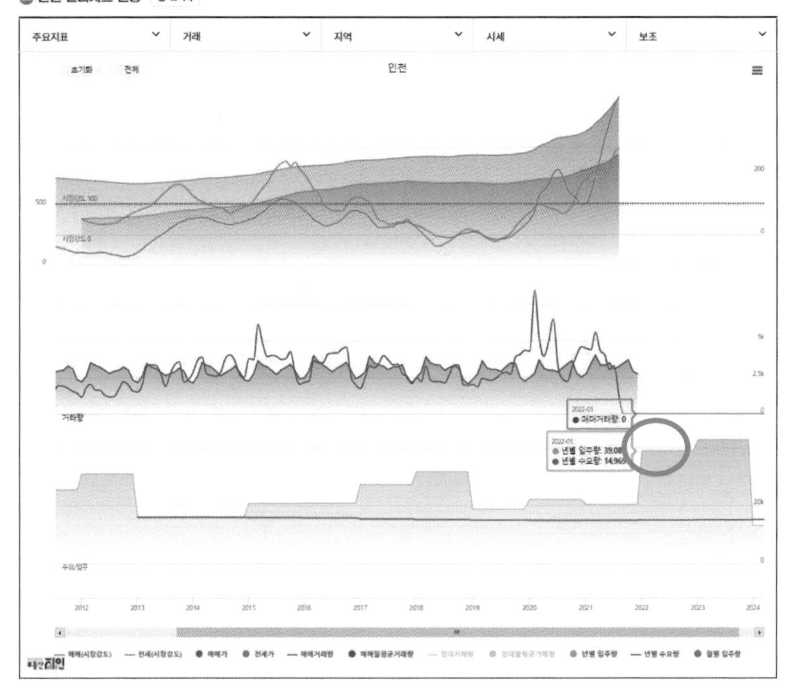

부동산지인 지역분석 인천지역 수요/입주

구별로는 연수구와 남동구가 인기지역임을 알 수 있다. 연수구가 가장 높은 매매가와 전세가를 보이는 이유는 송도 신도시 때문으로 보인다. 그리고 남동구는 제4차 국가철도망 구축계획에 반영된 제2경인선에 대한 기대감으로 매매와 전세시장 강도가 높게 형성된 것으로 보인다.

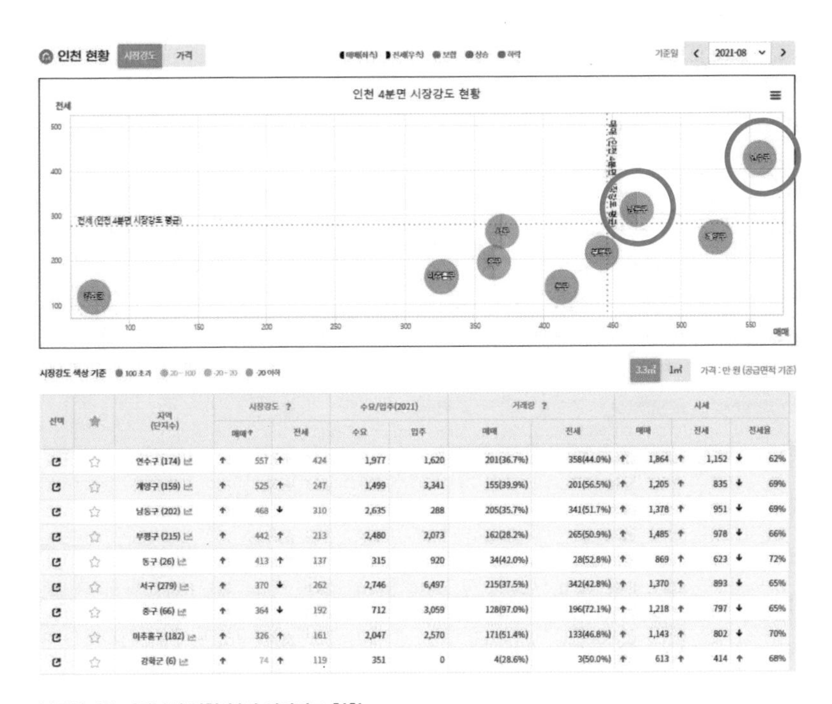

선택	★	지역 (단지수)	시장강도 ?		수요/입주(2021)		거래량 ?		시세		
			매매↑	전세	수요	입주	매매	전세	매매	전세	전세율
	☆	연수구 (174)	↑ 557	↑ 424	1,977	1,620	201(36.7%)	358(44.0%)	↑ 1,864	↑ 1,152	↓ 62%
	☆	계양구 (159)	↑ 525	↑ 247	1,499	3,341	155(39.9%)	201(56.5%)	↑ 1,205	↑ 835	↓ 69%
	☆	남동구 (202)	↑ 468	↓ 310	2,635	288	205(35.7%)	341(51.7%)	↑ 1,378	↑ 951	↓ 69%
	☆	부평구 (215)	↑ 442	↑ 213	2,480	2,073	162(28.2%)	265(50.9%)	↑ 1,485	↑ 978	↓ 66%
	☆	동구 (26)	↑ 413	↑ 137	315	920	34(42.0%)	28(52.8%)	↑ 869	↑ 623	↓ 72%
	☆	서구 (279)	↑ 370	↓ 262	2,746	6,497	215(37.5%)	342(42.8%)	↑ 1,370	↑ 893	↓ 65%
	☆	중구 (66)	↑ 364	↓ 192	712	3,059	128(97.0%)	196(72.1%)	↑ 1,218	↑ 797	↓ 65%
	☆	미추홀구 (182)	↑ 326	↑ 161	2,047	2,570	171(51.4%)	133(46.8%)	↑ 1,143	↑ 802	↓ 70%
	☆	강화군 (6)	↑ 74	↑ 119	351	0	4(28.6%)	3(50.0%)	↑ 613	↑ 414	↑ 68%

부동산지인 지역분석 인천4분면 시장강도 현황

③ 모바일 앱 이용하기

위에서 살펴본 시장강도는 앱에서도 동일하게 확인할 수 있다. 부동산지인 앱에 로그인 후 나오는 우측 상단 지인시세 박스에서 시장강도를 선택하면 된다.

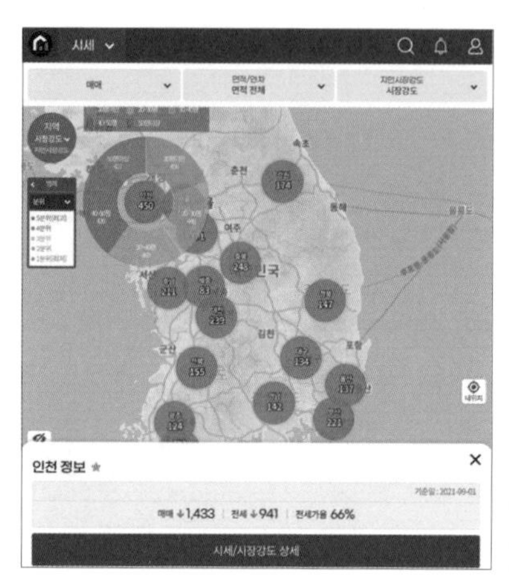

부동산지인(앱) 지인시세

부동산지인(앱) 인천지역 정보

토 | 막 | 지 | 식

부동산지인의 탄생

"뭔가를 만들어보겠다는 생각을 시작한 것은 2015년이었습니다.

겁도 없이 개발자도 없는 상황에서 웹서비스 기획을 시작하고 개발사를 섭외했습니다.

웹서비스의 목적은 시장 상황을 파악할 수 있는 기능 구현이었습니다. 특정 지역의 부동산 시장이 상승기로 접어들었는지 하락기로 접어들었는지를 객관적인 데이터를 통해서 파악해보겠다는 겁니다.

막연하게 옆집 가격이 오르니 동네 집값이 오르고 있다고 느끼거나 아파트 단지에 있는 중개소에서 집값이 오르고 있다는 말을 듣는 것이 아니라 데이터를 통해 특정 조건값이 충족되면 시장이 상승장으로 들어섰다는 것을 확인할 수 있는 것. 최초로 원한 기능은 바로 그겁니다. 그렇게 만들어진 것이 지인지수입니다. 시장의 상승 강도를 확인할 수 있는 지수를 개발한 거죠.

매매 가격이나 전세 가격의 상승 강도를 직관적으로 확인할 수 있는 지수. 그 답을 시장에 적용해서 결과를 확인해보고 싶었고 데이터를 추가해서 보다 정확하게 만들어보고 싶었습니다."

*출처: 〈부동산지인(aptgin.com)을 만든 이유〉 2017년 9월 20일 부동산지인 네이버 블로그 게시글

아파트를 살 사람이 많은지 팔 사람이 많은지 판단하는
아파트실거래가 [주택가격 심리지수]

정부가 제공하는 빅데이터 외에 가장 공신력 있는 빅데이터는 KB국민은행 리브부동산이 제공하는 데이터다. 아파트실거래가(이하 '아실') 앱에서는 이 리브부동산의 매수·매도 지표를 시각화한 자료를 제공한다. 지역마다 공인중개사가 주기적으로 모니터링한 정보를 쉽게 볼 수 있도록 만든 것이다.

① 메뉴 찾아가기 초기화면 〉 더보기

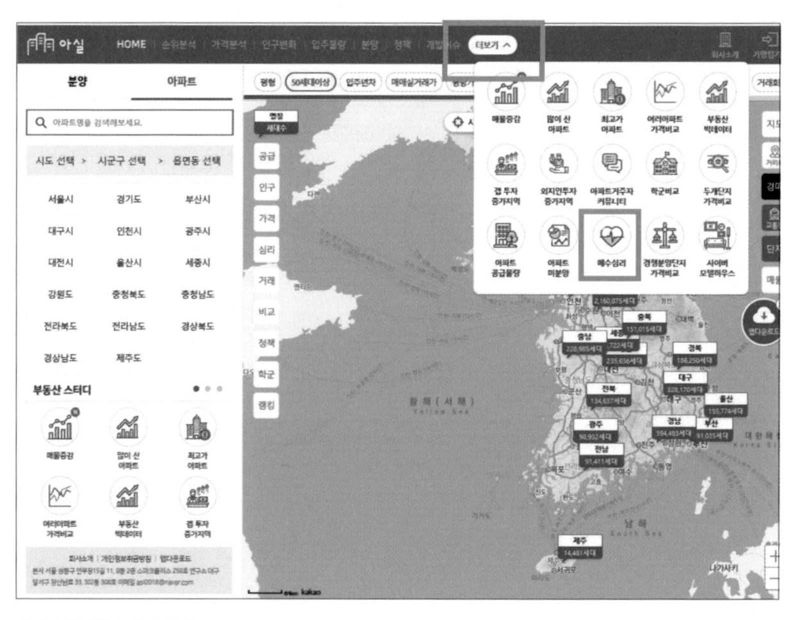

아파트실거래가 초기화면

② 서울 아파트에 대한 심리지수 확인하기 초기화면 〉 더보기 〉 매수심리

이 메뉴에서는 3가지 유형의 주택가격심리지수를 확인할 수 있다. 매수 우위 지수는 팔고 싶은 사람보다 사고 싶은 사람이 많을수록 올라간다. 매도세는 집을 팔고 싶어하는 추세를, 매수세는 집을 사고 싶어하는 추세를 보여준다. 예컨대 집값이 오르는 걸 예상하면 전 사두려는 심리가 강해져 매수세 지표가 상승한다. 사람들의 심리가 데이터에 반영되어 보이는 것이다. 서울의 매수 심리를 살펴보면, 2021년 12월 6일 기준 매수우위 지수는 57.4로 2021년 11월 8일 이후 계속 하락하고 있

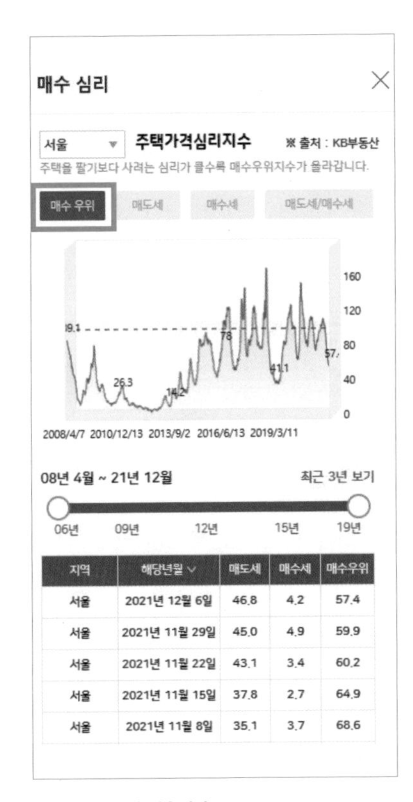

지역	해당년월	매도세	매수세	매수우위
서울	2021년 12월 6일	46.8	4.2	57.4
서울	2021년 11월 29일	45.0	4.9	59.9
서울	2021년 11월 22일	43.1	3.4	60.2
서울	2021년 11월 15일	37.8	2.7	64.9
서울	2021년 11월 8일	35.1	3.7	68.6

아파트실거래가 매수심리

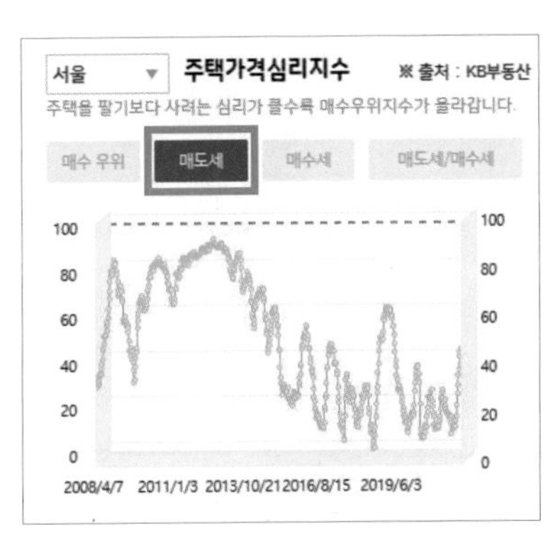

아파트실거래가 주택가격심리지수(매도세)

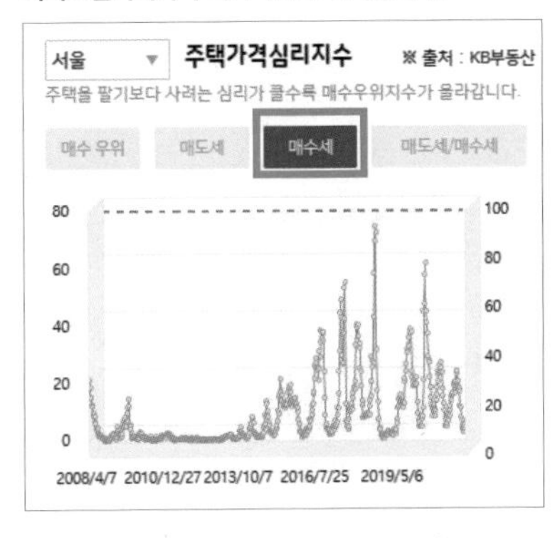

아파트실거래가 주택가격심리지수(매수세)

다. 매도세가 올라가고 있지만 매수세가 떨어지며 매수우위 지수가 떨어지는 것이다. 가계대출 규제와 기준금리 인상으로 집을 매수하려는 수요자가 감소한 것이 원인으로 보인다.

③ 모바일 앱 이용하기 초기화면 〉 매수심리

이 지수들은 앱에서도 동일하게 확인할 수 있다. 아실 첫 화면 가운데 있는 박스에서 '매수심리'를 선택하면 된다.

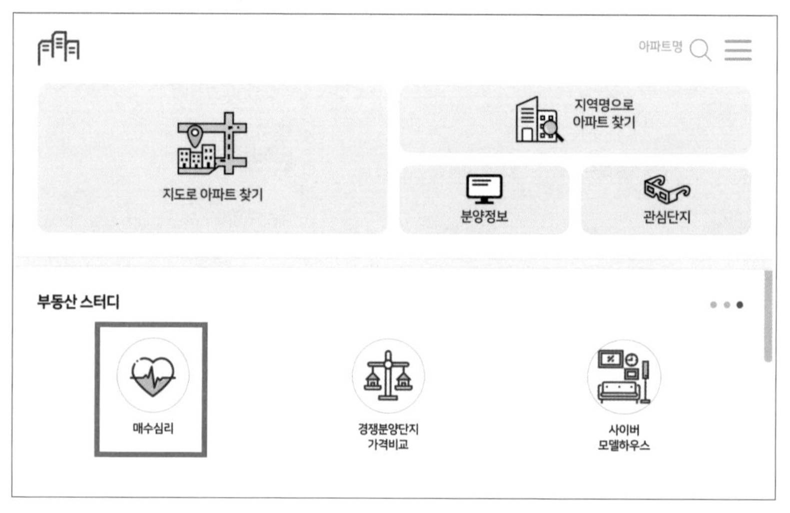

아파트실거래가(앱) 초기화면

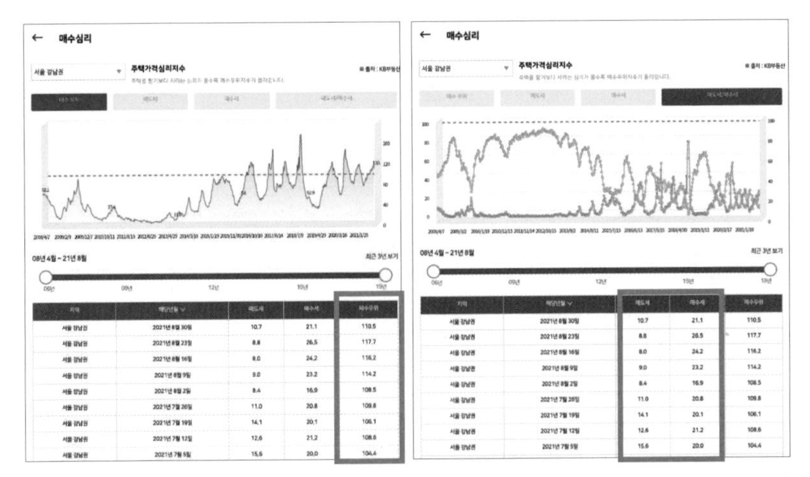

아파트실거래가(앱) 주택가격심리지수(매수우위) 아파트실거래가(앱) 주택가격심리지수(매도세/매수세)

과거 데이터에만 전적으로 의존해 부동산의 미래를 예측하기엔 한계가 있기 때문에 사람들은 과거 데이터 외에도 다양한 정보와 상황을 고려해 미래를 예측한다.

그런 의미에서 아실이 제공하는 주택가격심리지수는 과거 데이터가 제공하지 못하는 주관적인 판단 정보까지 확인할 수 있다는 점에서 투자에 유용하게 활용할 수 있다.

④ 가격분석을 통해 오르는 지역 지도로 확인하기 초기화면 〉 가격분석

매수, 매도심리 외에도 지역 선택에 참고할 수 있는 대표적인 데이터가 가격변동이다. 가격변동 추이는 미래 가격을 가늠해 볼 수 있는 좋은 정보이기 때문이다. 매수·매도 데이터와 마찬가지로 KB부동산 데이터를 바탕으로 했으며, 지도에서 바로 볼 수 있어 직관적이다.

경기도 선택 후 매매 가격 상승을 살펴보면 2019년 1월 이후 모든 지역이 상승한 것을 볼 수 있다. 특히, 의왕시, 군포시, 수원시, 남양주시, 부천시, 시흥시, 오산시는 50% 이상 상승하였다.

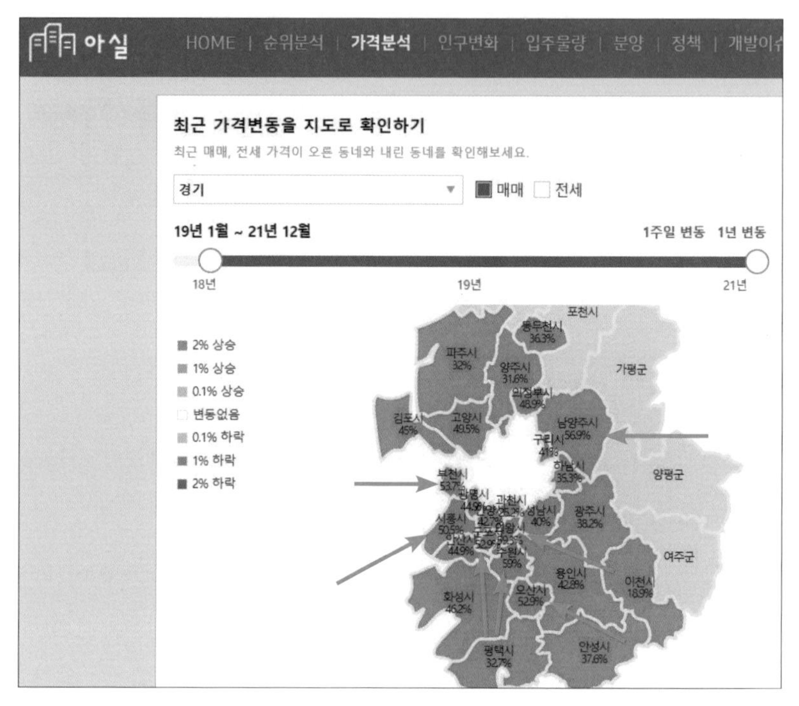

가격변동 지도로 확인하기

이 중, 집값 상승이 컸던 수원시의 경우 매매가격지수 160.6으로 높게 나타나고 있다(기준가 100, 2019년 1월 14일). 구별로는 영통구가 168.3으로 수원 내에서 가장 높은 것을 볼 수 있다.

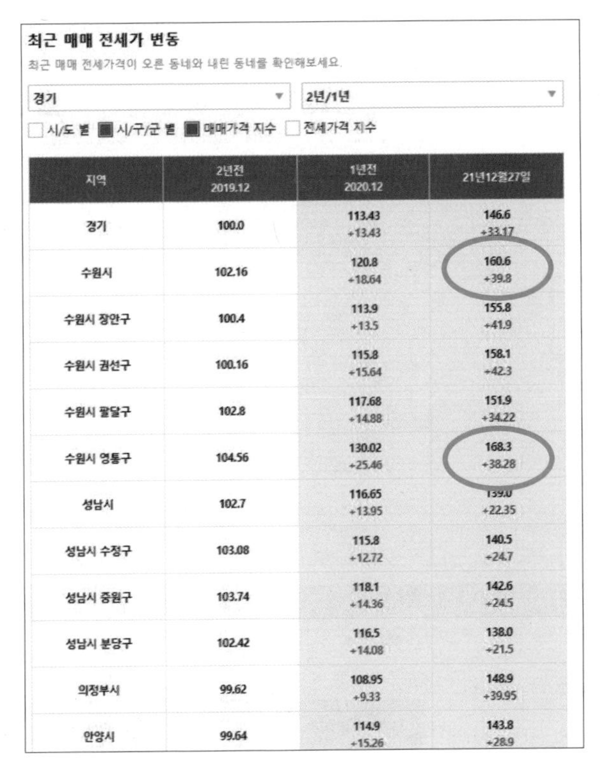

최근 매매 전세가 변동

최근 매매 전세가격이 오른 동네와 내린 동네를 확인해보세요.

경기 ▼ | 2년/1년 ▼

☐ 시/도 별 ■ 시/구/군 별 ■ 매매가격 지수 ☐ 전세가격 지수

지역	2년전 2019.12	1년전 2020.12	21년12월27일
경기	100.0	113.43 +13.43	146.6 +33.17
수원시	102.16	120.8 +18.64	160.6 +39.8
수원시 장안구	100.4	113.9 +13.5	155.8 +41.9
수원시 권선구	100.16	115.8 +15.64	158.1 +42.3
수원시 팔달구	102.8	117.68 +14.88	151.9 +34.22
수원시 영통구	104.56	130.02 +25.46	168.3 +38.28
성남시	102.7	116.65 +13.95	139.0 +22.35
성남시 수정구	103.08	115.8 +12.72	140.5 +24.7
성남시 중원구	103.74	118.1 +14.36	142.6 +24.5
성남시 분당구	102.42	116.5 +14.08	138.0 +21.5
의정부시	99.62	108.95 +9.33	148.9 +39.95
안양시	99.64	114.9 +15.26	143.8 +28.9

경기 매매가격 변동

⑤ 학군 비교를 통해 지역 비교하기

초기화면 〉 더보기 〉 학군비교 (초기화면 〉 지도 〉 학군)

자녀가 있다면 학군이 중요하다. 학군 정보는 기본적으로 '학교알리미' 사이트에 지역별로 공시되어 누구든지 볼 수 있다. 아실에서는 이 데이터를 좀 더 직관적으로 볼 수 있도록 정리했다.

예를 들어 의왕시와 시흥시를 선택하면, 의왕시의 특목고 진학률이 높은 것을 그래프로 볼 수 있고 시흥시는 지역 간 학업성취도 차이가

큰 것을 볼 수 있다.

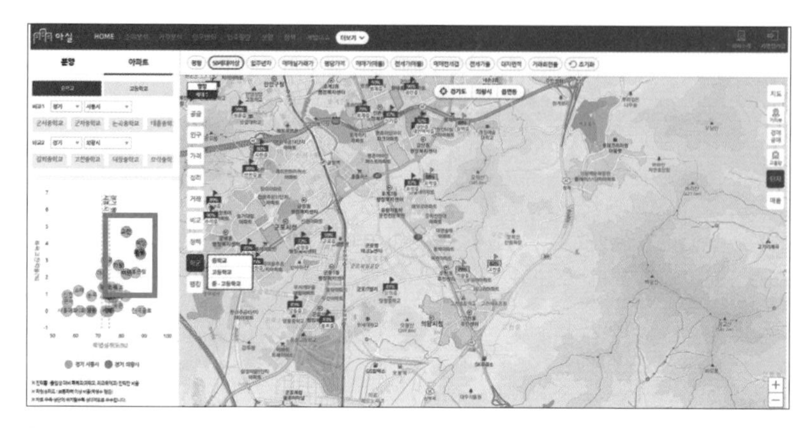

학군 비교하기

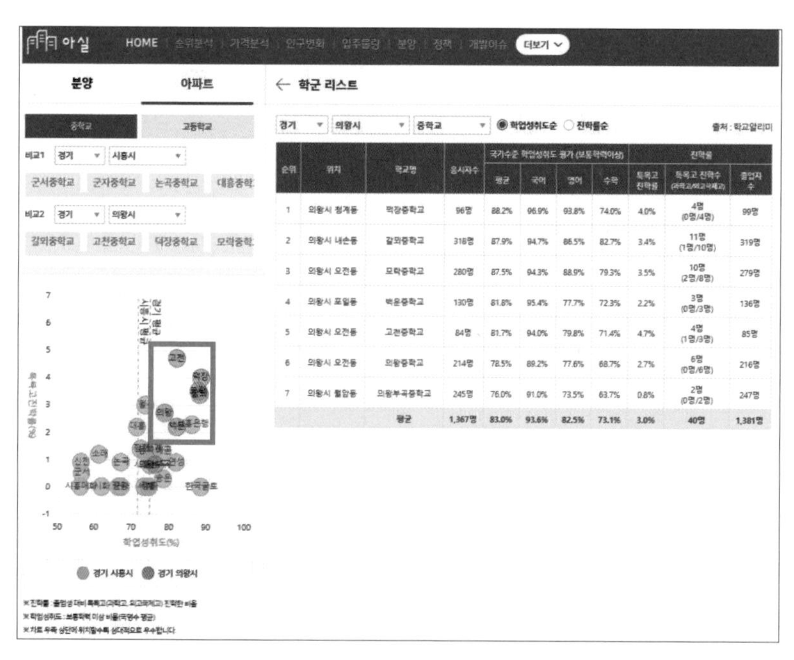

순위	위치	학교명	응시자수	국가수준 학업성취도 평가 (보통학력이상)				진학률		
				평균	국어	영어	수학	특목고 진학률	특목고 진학수 (과학고/외고국제고)	졸업자 수
1	의왕시 청계동	덕장중학교	96명	88.2%	96.9%	93.8%	74.0%	4.0%	4명 (0명/4명)	99명
2	의왕시 내손동	갈뫼중학교	318명	87.9%	94.7%	86.5%	82.7%	3.4%	11명 (1명/10명)	319명
3	의왕시 오전동	모락중학교	280명	87.5%	94.3%	88.9%	79.3%	3.5%	10명 (2명/8명)	279명
4	의왕시 포일동	백운중학교	130명	81.8%	95.4%	77.7%	72.3%	2.2%	3명 (0명/3명)	136명
5	의왕시 오전동	고천중학교	84명	81.7%	94.0%	79.8%	71.4%	4.7%	4명 (1명/3명)	85명
6	의왕시 오전동	의왕중학교	214명	78.5%	89.2%	77.6%	68.7%	2.7%	6명 (0명/6명)	216명
7	의왕시 월암동	의왕부곡중학교	245명	76.0%	91.0%	73.5%	63.7%	0.8%	2명 (0명/2명)	247명
		평균	1,367명	83.0%	93.6%	82.5%	73.1%	3.0%	40명	1,381명

의왕시 학군리스트

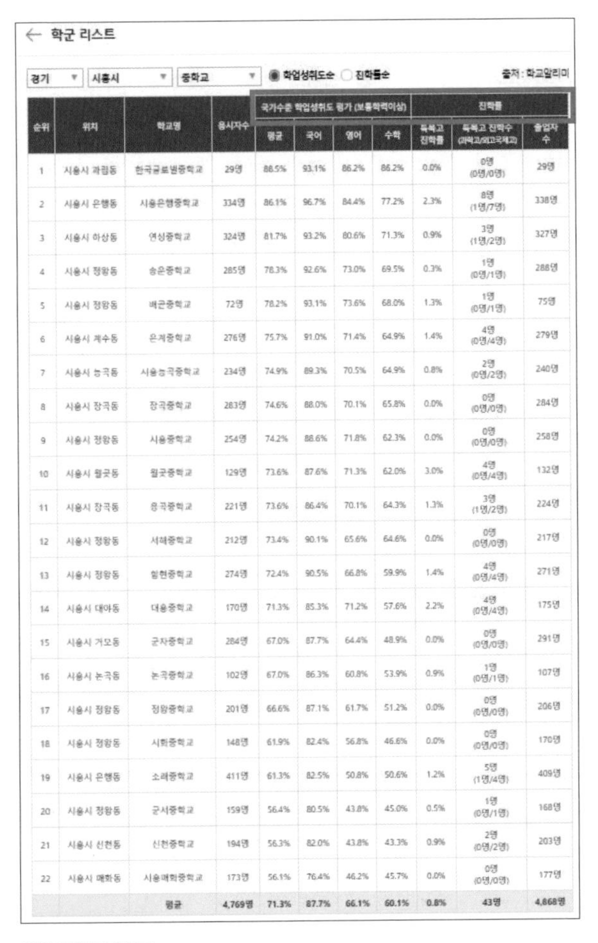

← 학군 리스트

경기 | 시흥시 | 중학교 | 학업성취도순 | 진학률순 | 출처 : 학교알리미

순위	위치	학교명	응시자수	국가수준 학업성취도 평가 (보통학력이상)				진학률		
				평균	국어	영어	수학	특목고 진학률	특목고 진학수 (과학고/외고국제고)	졸업자 수
1	시흥시 과림동	한국글로벌중학교	29명	88.5%	93.1%	86.2%	86.2%	0.0%	0명 (0명/0명)	29명
2	시흥시 은행동	시흥은행중학교	334명	86.1%	96.7%	84.4%	77.2%	2.3%	8명 (1명/7명)	338명
3	시흥시 하상동	연성중학교	324명	81.7%	93.2%	80.6%	71.3%	0.9%	3명 (1명/2명)	327명
4	시흥시 정왕동	송운중학교	285명	78.3%	92.6%	73.0%	69.5%	0.3%	1명 (0명/1명)	288명
5	시흥시 정왕동	배곧중학교	72명	78.2%	93.1%	73.6%	68.0%	1.3%	1명 (0명/1명)	75명
6	시흥시 계수동	은계중학교	276명	75.7%	91.0%	71.4%	64.9%	1.4%	4명 (0명/4명)	279명
7	시흥시 능곡동	시흥능곡중학교	234명	74.9%	89.3%	70.5%	64.9%	0.8%	2명 (0명/2명)	240명
8	시흥시 장곡동	장곡중학교	283명	74.6%	88.0%	70.1%	65.8%	0.0%	0명 (0명/0명)	284명
9	시흥시 정왕동	시흥중학교	254명	74.2%	88.6%	71.8%	62.3%	0.0%	0명 (0명/0명)	258명
10	시흥시 월곶동	월곶중학교	129명	73.6%	87.6%	71.3%	62.0%	3.0%	4명 (0명/4명)	132명
11	시흥시 장곡동	응곡중학교	221명	73.6%	86.4%	70.1%	64.3%	1.3%	3명 (1명/2명)	224명
12	시흥시 정왕동	서해중학교	212명	73.4%	90.1%	65.6%	64.6%	0.0%	0명 (0명/0명)	217명
13	시흥시 정왕동	함현중학교	274명	72.4%	90.5%	66.8%	59.9%	1.4%	4명 (0명/4명)	271명
14	시흥시 대야동	대흥중학교	170명	71.3%	85.3%	71.2%	57.6%	2.2%	4명 (0명/4명)	175명
15	시흥시 거모동	군자중학교	284명	67.0%	87.7%	64.4%	48.9%	0.0%	0명 (0명/0명)	291명
16	시흥시 논곡동	논곡중학교	102명	67.0%	86.3%	60.8%	53.9%	0.9%	1명 (0명/1명)	107명
17	시흥시 정왕동	정왕중학교	201명	66.6%	87.1%	61.7%	51.2%	0.0%	0명 (0명/0명)	206명
18	시흥시 정왕동	시화중학교	148명	61.9%	82.4%	56.8%	46.6%	0.0%	0명 (0명/0명)	170명
19	시흥시 은행동	소래중학교	411명	61.3%	82.5%	50.8%	50.6%	1.2%	5명 (1명/4명)	409명
20	시흥시 정왕동	군서중학교	159명	56.4%	80.5%	43.8%	45.0%	0.5%	1명 (0명/1명)	168명
21	시흥시 신천동	신천중학교	194명	56.3%	82.0%	43.8%	43.3%	0.9%	2명 (0명/2명)	203명
22	시흥시 매화동	시흥매화중학교	173명	56.1%	76.4%	46.2%	45.7%	0.0%	0명 (0명/0명)	177명
		평균	4,769명	71.3%	87.7%	66.1%	60.1%	0.8%	43명	4,868명

시흥시 학군리스트

⑥ 부동산 스터디를 통해 빅데이터 제공 초기화면 > 부동산 스터디

이 외에도, 아실은 부동산 스터디 메뉴를 통해 부동산과 관련된 다양한 데이터를 제공하고 있다. 이 항목들은 대부분 다음 장에서 나올 단지선택 부분에서 자세히 다룰 예정이므로 간단히만 짚고 넘어가도

록 하자.

우선, 아파트 매매, 전세, 월세의 '매물증감' 데이터를 통해 거래가 잘 이루어지고 있는지 확인할 수 있고, '많이 산 아파트' 데이터를 통해 지역별 아파트 거래 현황도 볼 수 있다. 거래가 잘 되는 아파트가 나중에 팔 때도 좋은 경우가 많기 때문에 지역선택에 참고가 된다.

한편, 지역별로 특정 기간의 '최고가 아파트' 순위도 볼 수 있다. 국토부 실거래가 데이터를 기반으로 한 이 순위는, 원하는 지역의 아파트 매매가를 정하는 기준이 될 수 있다.

'부동산 빅데이터' 에서는 분석 지역에 대한 부동산 환경 변화를 확인할 수 있다. 향후 아파트 공급을 보여주고, 분양한 아파트 중 미분양이 많은지도 볼 수 있다. 사려는 사람이 팔려는 사람보다 더 많은지 여부와, 갭투자 데이터를 통해 투자비가 적게 들어가는 지역과 물건도 확인할 수 있다.

지역통계 자료도 제공하고 있다. 아실 플랫폼 내에서 내가 선택한 지역을 조회한 인원을 확인할 수 있다. 조회 인원이 많을수록 관심이 많은 단지이기 때문에 거래가 활발할 가능성이 많다. 연도별 매매, 전세, 월세 거래가격과 거래량 데이터를 그래프로 볼 수도 있다.

지역 내 월세 수준을 볼 수가 있어서 실거주가 아닌 수익형 부동산에 투자하는 경우 참고 데이터로 활용할 수 있다. 그리고 대단지 아파트 메뉴에서는 아파트를 단지 규모별로 볼 수 있어서 지역선택 이후 단지선택에 도움을 준다. 대단지일수록 커뮤니티 시설이 잘 되어 있는 경우가 많고, 시세 하락기에도 가격저항이 크게 나타나지 않는 장점이 있다.

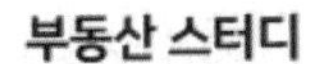

부동산 스터디 메뉴

부동산 빅데이터_ 부동산 환경변화

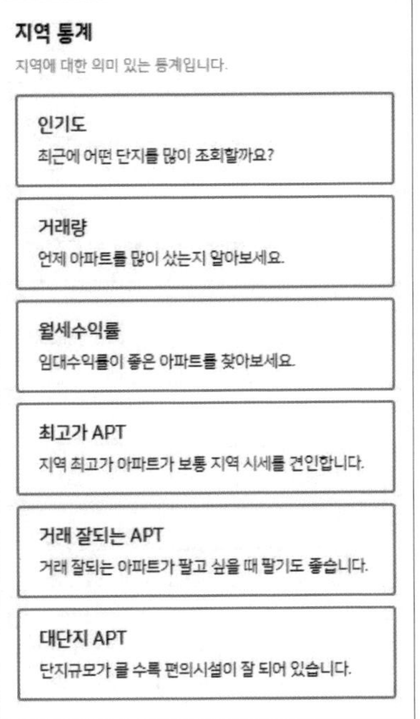

부동산 빅데이터_ 지역 통계

토 | 막 | 지 | 식

신설 교통망 정보도 아실에서

아실은 2021년 10월부터 신설교통망 정보도 지도에 표시해 제공하기 시작했다. 지자체 고시문, 국토교통부 자료 등을 통합해 개통 예정인 지하철역과 노선 정보를 지도에 사업 단계별로 표시해 주는 식이다.

1.교통망발표 → 2. 예비타당성 통과 → 3. 착공 → 4. 준공

그뿐만 아니라 주요 역까지 몇 분이나 소요되는지 함께 표시해 주어서 관심 지역에서 직장까지의 거리를 미리 가늠해볼 수도 있다. 교통망 준공 예정 시기에 따른 검색 기능을 활용하면 입주 시기를 정하는 데도 도움을 받을 수 있겠다.

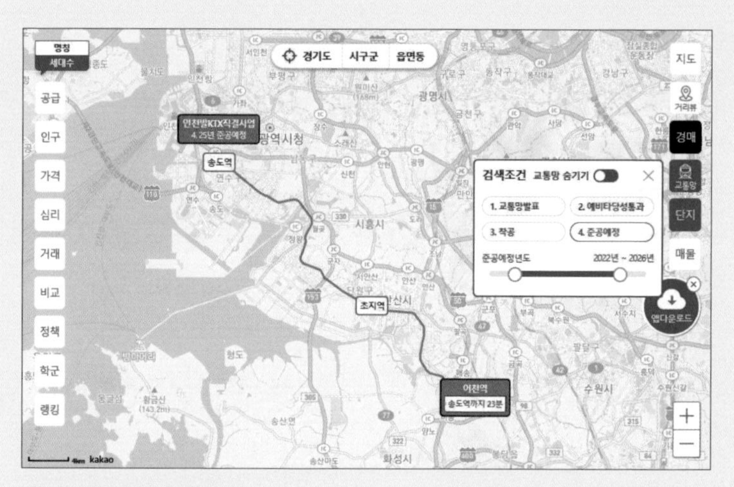

아파트실거래가 신설교통망정보

어느 단지를 선택할까

호갱노노, 리치고

부동산 앱으로 유망 단지 찾아보기

살고 싶은 지역을 선택했다면, 이번에는 그 지역에서 어느 단지가 좋을지 찾아보자. 내가 동원할 수 있는 자금에 맞으면서 투자가치도 있고 살기도 좋아야 하기 때문에, 이번에도 다양한 요소를 고려해야 한다.

사실 단순히 매물을 찾기만 할 것이라면 네이버부동산 검색으로도 충분하다. 최근 실거래가와 거래일, 현재 나온 매물 호가만 확인해도 시세를 판단할 수 있기 때문이다. 이 정보만으로도 내가 선택한 단지가 다른 사람도 관심을 갖는 곳인지, 지금보다 시세가 더 오를 만한 곳인지 판단하는 데 도움받을 수 있다.

하지만 이러한 기본정보 외에도 집을 사기 위해서는 고려할 요소가 많다. 이번 장에서는 실거래가 정보 외에도 집값에 영향을 주는 다양한 정보들을 파악할 수 있는 부동산 앱을 소개한다. 다양한 아파트 정보를 쉽게 보여주는 '호갱노노' 와, 이 요소들을 인공지능AI으로 분석해 직관적인 미래 가격 예측 서비스를 제공하는 '리치고' 앱이다.

이 앱들을 통해 취학 연령의 자녀가 있다면 반드시 필요한, 도보거리 이내의 학교와 학원가를 품은 학세권을 찾아볼 수 있고, 직장까지의 출근시간과 교통편도 한 번에 볼 수 있다. 또 지하철역 주변의 역세권 단지와 그렇지 못한 비역세권 단지를 구분해서 보여주고, 주변 상권이 얼마나 형성되어 있는지 보여주는 상권 지도로 실제 거주 시의 편리함을 예상하게 해준다.

다양한 필터를 활용해 가장 인기있는 단지를 검색하는 호갱노노

네이버부동산은 아파트의 호가 정보를 볼 수 있지만, 호갱노노는 국토교통부에 제출된 실거래가를 볼 수 있어 매매를 고려하는 경우 더 유용하다. 그리고 사람들이 지금 관심을 갖고 있는 지역, 분양 예정이거나 입주한 아파트 정보가 나와 있어 다양한 선택지를 비교 검토하는 데

도움이 된다. 단지의 신고가, (가격)변동, 인구, 공급, 학원가 등의 필터를 통한 상세 검색이 가능해 내게 맞는 아파트 단지를 찾는 데도 유용하다. 그뿐만 아니라 아파트, 오피스텔, 분양, 경매, 재건축 등의 정보도 담겨 있어 다양한 유형의 투자에도 활용할 수 있다.

① 지역 대표 아파트 찾기 초기화면 〉 지역검색

원하는 단지를 찾기 위해 가장 먼저 해야 할 일은 그 지역을 대표하는 아파트 단지를 찾는 것이다. 보통 '대장' 아파트라고 하는데, 이 아파트 시세에 따라 주변 시세도 결정된다는 의미로 붙여진 이름이다.

호갱노노 대장아파트

위 지도에서 '빨간 왕관' 마크가 붙은 단지가 그 지역의 대장 아파트다. 사용자들이 이 지역에서 가장 많이 클릭한 단지를 표시한 것으로, 호텔 예약서비스에서 인기 호텔일수록 클릭이 많다는 점에서 힌트를 얻어 만들었다고 한다. 해당 지역에서 가장 비싼 아파트는 아닐 수 있지만, 대개 사람들이 가장 살고 싶어하는, 선호도 높은 단지가 대장 아파트에 이름을 올린다. 대장 아파트는 인근 신축 단지나 다양한 주변 환경 변화로 바뀌기도 한다. 예를 들어 광교의 경우, 최근 호수에서 광교중앙역 쪽으로 왕관이 옮겨갔다.

아파트 핀에 표시된 평형 표시는 단지 내에서 세대 수가 가장 많은 주력 평형이거나, 최근 6개월 새 가장 많이 거래된 평형대다. 단지에서 거래가 가장 활발하게 이뤄지는 평형으로 생각하면 된다.

호갱노노 대장 아파트 주력평형/시세

② 원하는 아파트의 신고가 확인하기 초기화면 〉 신고가

대장 아파트를 찾았으면 신고가 메뉴에서 현재 시세를 가늠해볼 수 있다. 그동안 아파트 가격이 장기적으로는 상승했지만 단기적으로는 상승과 하락을 반복해왔는데, 최근 3개월 내 기존 최고 가격을 넘어선 실거래가 이뤄졌는지 확인하면 현재 가격 수준을 간접적으로나마 짐작해볼 수 있을 것이다.

신고가는 1개월 단위로 확인할 수 있어 매매하려는 아파트 가격의 최근 추이를 알 수 있다. 주변 아파트와 비교하면 적정한 가격인지도 판단할 수 있다. 다양한 매물을 통해 실매매를 고려하고, 직접 임장 가기 전 주변시세를 확인할 수 있는 유용한 기능이다.

아래 그림에서 보면 최근 3개월 동안에는 광교중앙역 인근의 중소형 평수 보다는 조금 떨어진 지역의 대형 평형의 가격 상승이 높았음을 알 수 있다. 중소형 평수는 상승률이 더 높음에도 불구하고 신고가가 아닌 것으로 보아 가격이 고점을 기록한 후 상승폭이 둔화되었다고 볼 수 있겠다.

※ 아파트는 파란색, 오피스텔은 회색 그리고 분양아파트는 빨간색으로 표기하고 있다.

호갱노노 신고가

③ 가격 변동 추이 확인하기 초기화면 〉 변동

변동 메뉴에서는 원하는 기간 동안 가격이 얼마나 오르내렸는지 확인할 수 있다. 신고가와 마찬가지로 적정 가격을 판단해볼 수 있을 뿐 아니라, 주변 단지와도 비교가 가능하다. 해당 단지에 대한 수요자 관심이 어느 정도인지를 가늠해보는 데 유용하다.

빨간색은 가격 상승, 파란색은 하락을 나타낸다. 관심 평형을 선택하면 변동 비율과 금액을 확인할 수 있으며, 원의 크기와 색깔로 주변 단지와 쉽게 비교할 수 있다.

내가 원하는 아파트에 비해 주변 단지의 빨간 원이 더 크다면 지금까지 가격 변동폭이 컸다는 것을 의미하고, 이 추세는 향후에도 계속될 가능성이 높기 때문에 적당한 매매시점을 판단하기 위해 주기적으로 확인하는 것이 좋다.

오른쪽 그림을 보면 안양시 동안구 호계동의 30평대 아파트의 경우 목련 9단지와 무궁화효성 안양이 빨간원으로 상승하고 있다. 한편, 호산아파트는 파란원으로 하락한 것을 볼 수 있다. 아파트 단지를 선택함에 있어 가격 변동폭이 더 큰 단지가 향후 가격에도 영향을 미치기 때문에 단지를 선택함에 있어 실거래가 가격 변동을 참고하면 좋다.

호갱노노 가격변동

④ 일대 인구 변화 살펴보기 초기화면 〉 인구

통계청 데이터를 바탕으로 한 인구 메뉴에서는 선택한 지역의 인구/세대수 증감 추이와 이동 여부를 한눈에 볼 수 있다. 예컨대 인구가 줄어도 세대수가 줄지 않는다면 세대분리가 활발하게 일어나는 곳임을 유추할 수 있다. 주변 지역으로의 이동이 유독 많다면 재건축/재개발 이주 수요가 아닌지, 신규 입주 단지가 있는지 살펴볼 필요가 있다.

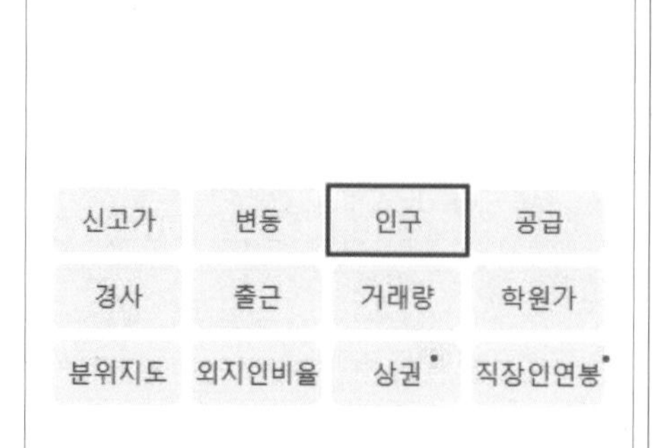

인구이동 활용법

지역별 세대 증감과 이동을 지도에 나타냅니다.(통계청 데이터를 기반으로 구성되어 있습니다)

- 빨간색 원은 인구 증가, 파란색 원은 인구 감소를 나타냅니다.
- 지도 축적을 축소/확대하면 더 큰/상세한 단위의 인구 이동 내역을 확인할 수 있습니다.
- 인구 이동 기준 기간을 선택할 수 있습니다.
- 원이 크고 색이 진할수록 상대적으로 많은 인구 이동이 있다는 뜻입니다.
- 원에 적힌 수치는 기간별 세대 수의 증감을 나타냅니다. (외국인제외)
- 예시) 500(기존 세대) -> 100(분가 등 신규 세대) + 150(전입 세대) - 200(전출 세대) - 10(사망등) = 표기 값 +40세대, +8%
- 원을 선택하면 어느 지역에서 유입/유출됐는지 확인할 수 있습니다.
- 예시) 500(기존 세대) -> 150(전입 세대) - 200(전출 세대) = 표기 값 -50세대, -10%
- 이동사항의 미신고, 지연신고, 허위신고 등으로 사실상의 이동과 차이가 있을 수 있습니다.
- 지역을 선택했을 때 나오는 전출입 지역 원에 표기되는 퍼센트(%)는 전체 전출입 양중 차지하는 비율입니다.

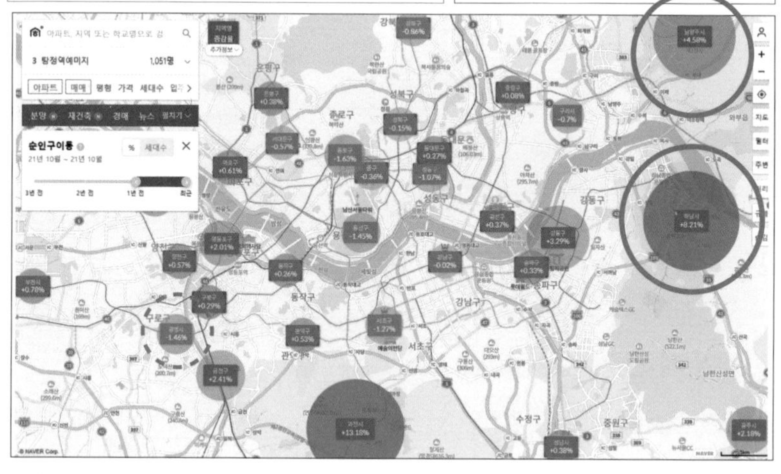

호갱노노 인구이동

이 항목도 기간을 1~ 3년으로 다르게 설정할 수 있다. 빨간색 원은 증가, 파란색 원은 감소를 나타낸다. 원의 크기와 색깔을 통해 주변 지역과의 규모 차이를 가늠해볼 수 있다.

위 그림에서 파란색 원이 큰 광명의 경우, 재개발과 재건축이 활발히 이루어지는 지역이다. 관리처분 이후 주변 지역으로 인구가 이주하기 때문에 전출이 많다. 빨간색 원이 큰 하남시와 남양주시는 감일지구, 다산신도시 등 신규아파트 입주로 인해 전입이 많은 것을 볼 수 있다.

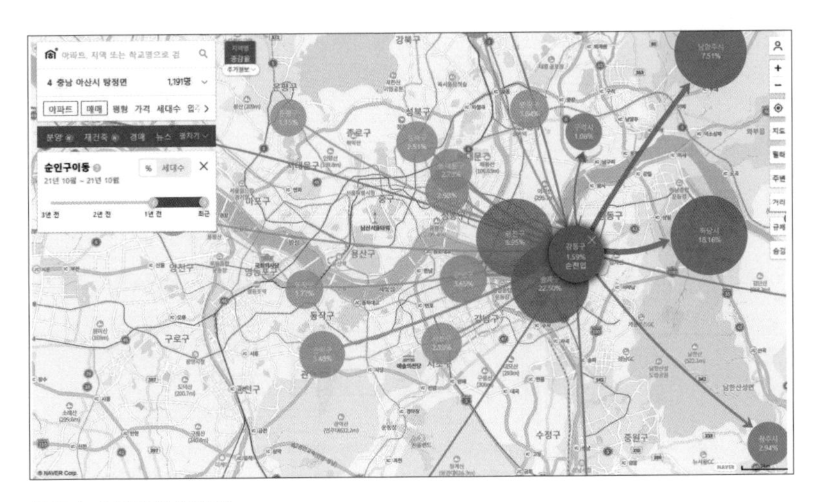

호갱노노 인구이동(지역선택)

한 지역을 클릭하면 지역별 인구 이동도 볼 수 있다. 위 그림에서 강동구를 클릭하면 송파구와 광진구에서의 전입이 많고 하남시와 남양주로의 전출이 많은 것을 볼 수 있다. 전입이 많은 것은 서울에 신규 아파트가 많지 않은 상황에서 고덕지구 재건축으로 인근 지역에서의 전입이 많았던 것으로 보인다. 강남 접근성이 좋고 송파에 비해 가격이 저렴한 편이기 때문이다.

⑤ 주변 지역 아파트 공급 현황 알아보기 초기화면 〉공급

공급 메뉴에서는 주변 지역에 아파트가 어느 정도 들어설 예정인지 확인할 수 있다. 아파트값이나 주변 여건을 고려해보기 위해 인구 이동 자료와 묶어 확인하면 좋다. 이 항목은 과거뿐 아니라 향후 3년까지의 물량을 모두 확인할 수 있기 때문에, 앞으로의 시세를 예측하고 매수 시점을 정하는 데 참고할 수 있다.

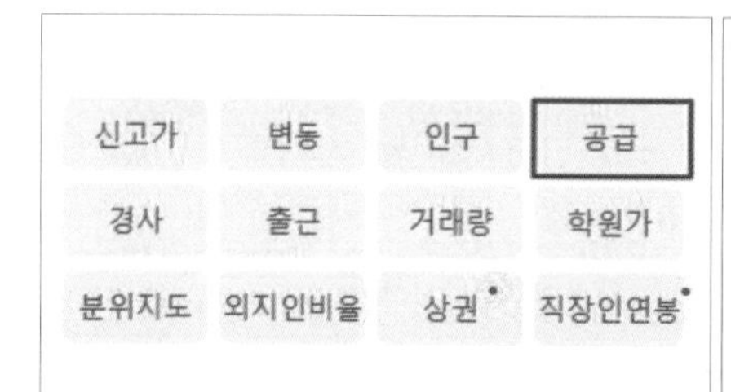

공급 활용법

기간별로 아파트 공급 물량을 확인할 수 있습니다.

- 입주시기를 기준으로 아파트 공급물량을 확인할 수 있습니다.
- 하단에 나오는 퍼센트(%) 수치는 시작 시점의 입주된 세대수/단지 대비 증가하는 세대수/단지의 비율입니다. +50%면 기존 수치의 절반이 늘었다는 뜻입니다.
- 분양 정보에 입력되지 않은 공급물량은 표기되지 않습니다. (오피스텔, 공공분양, 지역주택조합 등)
- 기간을 선택해서 확인해 보세요!

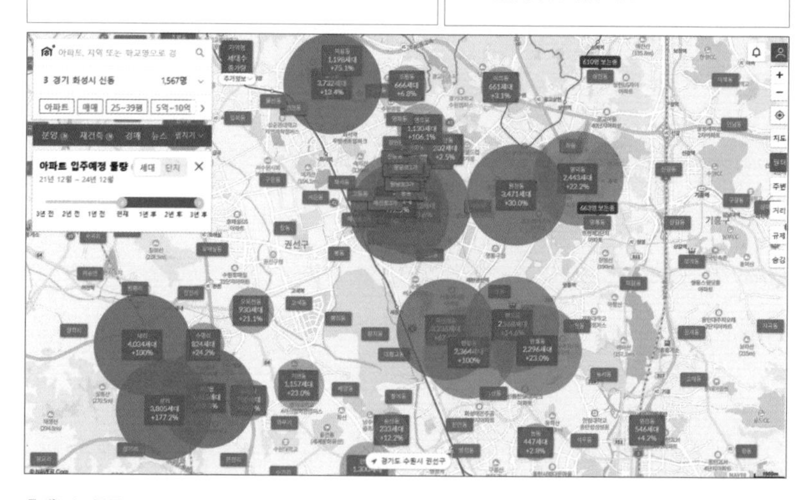

호갱노노 공급

왼쪽 아래 그림처럼 수원에는 재개발이 활발해 입주를 앞둔 곳이 많은 것을 볼 수 있다. 매교동, 인계동, 정자동, 교동 등 4개 단지에 1만 2,000세대 공급이 예정되어 있어 큰 빨간 원이 많이 나타난다. 신도시급 재개발로 인해 많은 변화가 생길 것으로 예상되는 곳이다.

관심 지역을 선택할 때는 이 기능을 통해 현재와 과거뿐 아니라 향후 지역의 변화 모습도 예상해 보는 것이 필요하다. 1만 세대 이상의 신규아파트 공급으로 신도시급으로 변화가 예상되는 위에서 살펴본 수원과 광명은 신규아파트와 함께 주변 인프라도 좋아지기 때문에 지역에 관심 있는 분이라면 매매 가능한 재개발 입주권에 투자하는 것도 추천한다.

⑥ 학원가 정보 참고하기 초기화면 〉 학원가

살고 싶은 곳을 정할 때 자녀 교육을 빼놓을 수 없다. 학원가 메뉴에서는 학원가 규모와 시간당 평균 교육비용을 확인할 수 있다. 수험생이 있는 가구라면 단지 선정에 참고할 수 있다.

호갱노노는 소규모 학원의 분사까지 상당히 자세한 데이터를 제공하고 있어, 잘 모르는 지역을 알아볼 때 학원가를 조사하기 편리하다.

다음 그림에서는 대치동 학원가가 대치1동 주민센터 근처까지 확대된 것을 볼 수 있다. 과거에는 학원가가 아니었던 곳에 등록 학원 개수가 증가했고, 학생 수가 늘었다고 생각해볼 수 있다. 주기적으로 데이터를 업데이트하기 때문에 새롭게 형성된 학원 밀집 지역도 알아볼 수 있다. 참고로 호갱노노의 학원가 정보에는 입시·검정고시 학원을 비롯해 보습·국제화 학원 정보만 포함돼 있다.

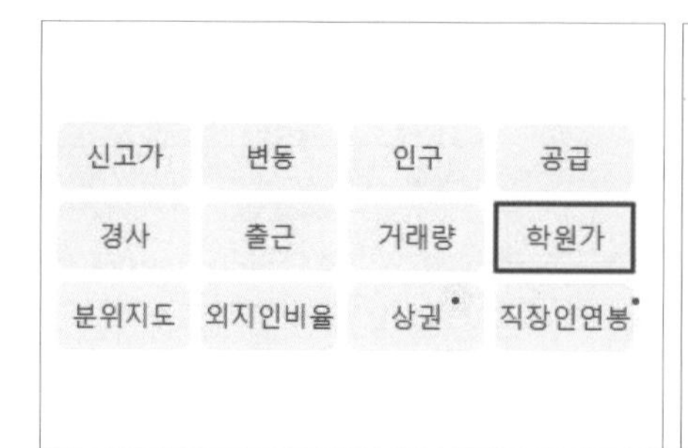

학원가

전국 학원가 정보를 지도에서 확인할 수 있습니다.

- **학원가의 규모**와 **시간당 평균 비용**을 확인 할 수 있습니다.
- 입시, 검정, 보습 및 국제화(초, 중, 고 외국어) 학원만 포함했습니다.
- 100미터 단위로 학원을 묶어 학원가를 표현했습니다.
- 주기적으로 데이터를 갱신하여 새롭게 생성된 학원밀집지역 확인이 가능합니다.
- 제공되는 학원개수는 지역단위가 아닌 학원밀집지역으로 표시된 영역의 개수 입니다.
- 학원가 순위 기준은 학원밀집지역의 개수입니다.

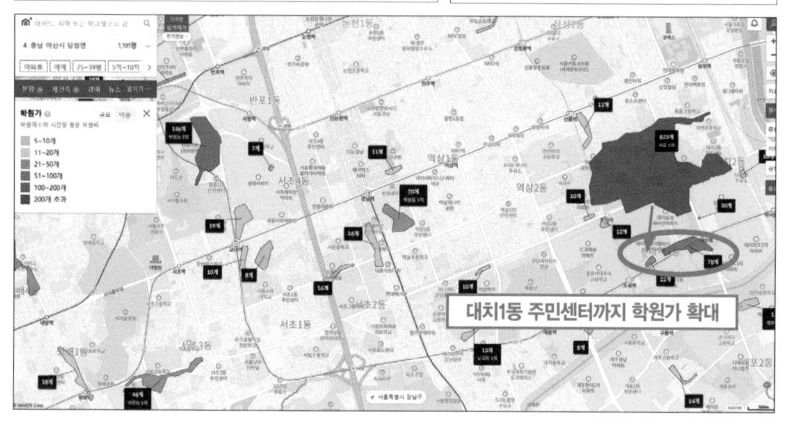

호갱노노 학원가

토 | 막 | 지 | 식

호갱노노의 탄생

최근 몇 년 새 집값이 크게 오르면서 매매든 전월세든, 사려는 집이든 이미 산 집이든 아파트 시세를 수시로 검색하고 확인해보는 사람이 부쩍 늘었다. 부동산에 대해 폭발적으로 늘어난 관심만큼 아파트 실거래가와 매물 시세를 제공하는 서비스들이 인기를 끌었다. 그중 국토교통부 실거래가, 건축물대장, 인구 이동 추이, 유치원과 어린이집, 관리비, 시간별 일조량, 법원 경매 정보까지 각종 데이터를 보기 쉽게 구현한 호갱노노는 아파트 계약을 해본 사람이라면 누구나 한 번쯤 이용해봤을 앱이다.

호갱노노는 2015년 SK C&C, 네이버, 카카오에서 개발자로 일한 심상민 대표가 창업했다. 심 대표는 SK C&C에서 서울시 3차원 지도 구현하는 서비스를 담당하던 당시, 좌표계 등을 활용해 3D 맵 구현에 필요한 기초지식을 습득했다고 한다. 그는 네이버에서도 지도 서비스와 관련된 일을 했고, 카카오에서는 카카오톡과 카카오스토리 개발을 맡았다. 이런 경험들은 지금의 호갱노노를 탄생시키는 밑거름이 됐다.

호갱노노는 처음에는 단순 가격비교 사이트로 시작했다. 원래 카카오에 재직 중이던 심 대표가 2014년 말 글로벌 가구업체 이케아가 한국에 처음 들어왔다. 그런데 당시 이케아가 한국에서 유독 비싸게 판다는 소문이 돌았다. 정말 한국에서만 비싸게 파는지 가격을 비교해 보기 위해 이케아가 영업하는 미국, 영국, 대만 등 11개국에서 판매 중인 상품 정보를 모아 비교해봤다. 결론은 '한국에서 다른 나라보다 싸게 파는 것도 있고, 비싸게 파는 것도 있다'였다. 이런 정보를 혼자 보기 아까워 웹사이트에 공유하기 시작했다. 서비스 이름은 '호구 고객(호갱)이 되지 말자'라는 뜻에서 호갱노노로 지었다고 한다.

생각보다 사람들의 반응이 뜨거웠다. 심 대표가 인터넷이 발전해도 정보의 비대칭이 심각하다는 것을 깨달은 시점이다. 그렇게 호갱노노 '이케아편' 후속작으로 개발한 것이 바로 지금 서비스 중인 호갱노노다.

호갱노노는 매달 300만 명이 넘는 사용자가 이용하면서 아파트 가격 조회 분야 1위 부동산 플랫폼으로 자리 잡았다. 개인뿐 아니라 많은 부동산 커뮤니티와 전문가가 호갱노노 자료를 활용하고 인용한다. 호갱노노에서 동네 지도를 펼쳐놓고 아파트를 검색하고 실거래가를 확인하는 것은 일상이 됐다.

수도권 1억 미만 갭투자로 내 집 마련하기

호갱노노 > 필터

※향후 정부 정책 방향에 따라 활용 방법이 다소 다를 수 있습니다.

실제 갭투자로 집을 마련한다고 가정해보자. 최근 실거래 시세가 평균 10억 원 이하면서 현금 1억 원으로 갭투자 가능한, 수도권 내 중소형 평형의 아파트를 찾아보려 한다.

가능성이 높을 것으로 예상되는 지역인 경기도와 인천의 40평 미만 아파트를 선택하고, 집값 상승을 기대하기 위해 안정적인 가격 유지를 기대할 수 있는 대단지를 선택하고, 매매가격에 근접한 전세가율 85% 이상을 선택한다. 전세가율이 85% 이상이라는 것은 그만큼 아파트 매매가격에 근접하였다는 이야기이므로, 향후 추가적인 집값 상승을 기대해 볼 수 있는 것이다.

구축 단지의 경우 주차공간이 부족해 불편할 수 있으니, 주차공간이 세대당 1대 이상인지 반드시 확인한다. 이러한 조건을 바탕으로 검색하면, 부천의 1개 단지와 인천 부평구, 미추홀구, 남동구에 있는 3개 단지가 선택된다.

그리고 아파트 단지 주변 교통 여건을 확인하고, 거리뷰 보기를 통해 아파트 외관, 층, 향 등을 점검해 본다. 어차피 최종 계약 이전에 그 지역 부동산을 방문하게 되겠지만, 앱을 사용해 많은 시간을 아낄 수 있다. 아래 지도에 보이는 4개 단지 중, 산곡동 한화2단지는 7호선 역세권이며서 초등학교를 품은 일명 '초품아' 아파트 단지이다. 그리고 롯데마트도 단지와 붙어있어서 쇼핑도 편리하다. 특히 산곡동, 청천동 재개발로 주변 환경이 많이 좋아질 것이므로 4개 단지 중에 선택을 한다면 산곡동 한화2단지를 추천한다.

■ **조건에 맞는 단지 검색하기**

구분	필터 선택	적용 사례
평형	25~39평	실거주 목적 40평 미만
가격	5억~10억 원	서울 중소형 아파트 평균가격인 10억이하
입주년차	신축~30년	아파트 연식은 상관없음
세대수	500세대 이상	대형 단지로 구분되는 기준
주차공간	세대당 1대 이상	구축은 주차 공간이 협소할 수 있으니 점검
전세가율	85% 이상	갭투자가 가능하려면 전세가율 높은 곳 선택
갭가격	1억 원 미만	갭투자 금액의 범위를 설정
월세수익률	–	제외(오피스텔 매매시 유용)
임대사업율	–	제외(임대사업 고려시 해당)

호갱노노 필터

오늘부터 투자자

경매로 내 집 마련하기

호갱노노 > 경매

요즘처럼 아파트값이 상승하는 시기에는 경매를 통해 시세보다 저렴하게 아파트를 구매하는 경우가 꽤 있다. 경매 시점 3~6개월 전의 감정가를 기준으로 입찰 시작 가격(최저입찰가)이 정해지기 때문이다. 호갱노노에서는 경매 물건에서도 필터링을 통해 원하는 물건을 찾을 수 있다. 예를 들어 서울 구로구 에서 10억 원 이하 아파트 경매 물건을 찾는다고 가정하고 세부 조건으로 평형은 25~40평, 세대수는 500세대 이상 대단지, 그리고 주차 공간은 1대 이상 물건을 조건을 넣고 검색을 하면 두 건이 검색된다.

검색한 아파트를 클릭하고 들어가면 매각기일, 입찰 금액, 예상 거래가 등 기본 정보를 알 수 있으며, 대법원 경매정보를 클릭하고 들어가면 더 상세한 정보를 볼 수 있다.

■ 조건에 맞는 경매물건 찾기

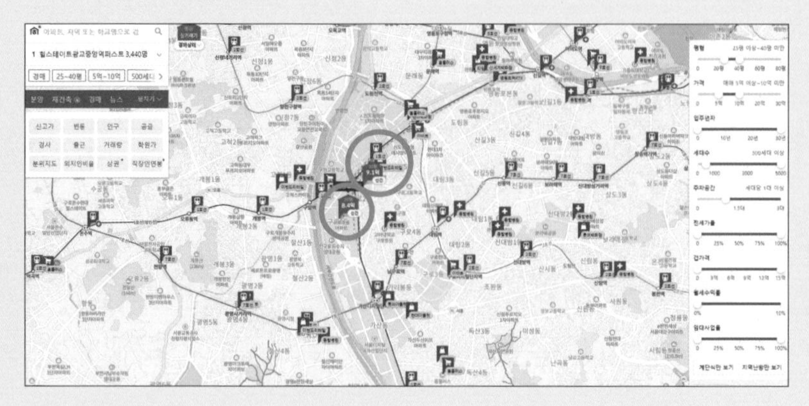

호갱노노 경매

■ 관심있는 단지 살펴보기

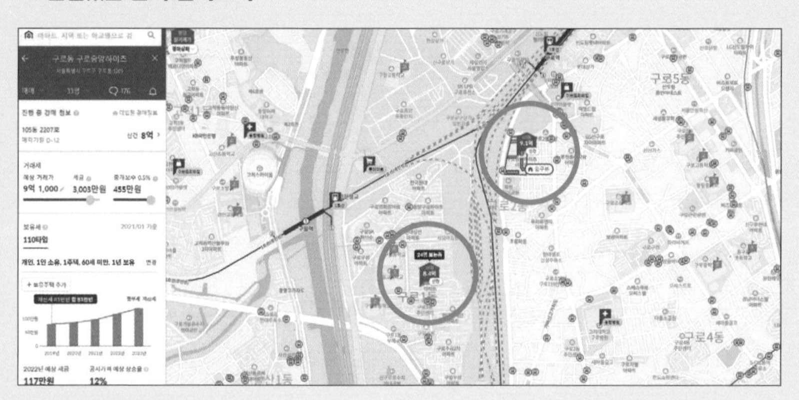

호갱노노 경매(단지선택)

■ 대법원 경매정보

호갱노노 경매(물건선택)

빅데이터와 인공지능으로 아파트를 분석 · 예측하는

리치고

리치고는 인공지능을 활용해 아파트 단지를 비교하고 가격을 예측해주는 플랫폼이다. 39가지 항목의 빅데이터를 AI가 분석해 투자점수, 거주점수, 저평가지수 등을 이해하기 쉽게 보여주고, 나아가 아파트 가격이 미래에 어떻게 변할지도 예측해준다.

① 투자가치 높은 아파트 찾기 리치고 〉 아파트 검색 〉 투자점수분석

투자점수는 물가 대비 저평가지수, 소득 대비 저평가지수, 거주자의 주택 구매력지수, 아파트 신규 공급, 미분양, 전세가율 종합 저평가지수 등 '리치고 AI 모델'의 종합적인 분석결과에 따라 매겨진다.

말 그대로 물가 대비 저평가 지수는 물가와 대비해서, 소득 대비 저평가 지수는 소득과 대비해서 매매 가격이 높고 낮은지를 보는 지수다. 물가와 소득 대비 지수는 높을수록 좋은데, 아래 예로 든 삼두 1차 아파트는 물가와 소득 대비 지수가 낮은 단지다.

주택 구매력 지수는 대출 받아서 집을 살 수 있는 여력을 의미하며, 지수가 높으면 사기 위한 부담이 낮아지는 것을 의미한다. 삼두 1차 아파트는 대출로 집을 매매 하기에는 보통 수준인 곳이다.

아파트 신규 공급은 지역 인구 대비 아파트 신규 공급량이 일정 수

준보다 많은지 여부를 판단하는 지수다. 지수가 높으면 아파트 가격에는 부정적인 영향을 미칠 수밖에 없다. 신규 공급이 많은 것보다는 적은 것이 집값에는 긍정적이고, 미분양 세대수가 많을수록 아파트 가격에는 부정적이기 때문이다. 삼두 1차는 신규 공급도 적정하고 미분양도 점수도 높아서 향후 가격에는 긍정적인 영향이 예상된다.

전세가율이 높을수록 해당 아파트 단지가 저평가 되어 있음을 확인할 수 있다. 전체 투자점수도 56점으로 투자하기에 보통 수준이다. 하지만 준공연차가 오래되었고, 단지 규모가 작은 점은 투자에 약점이 된다. 따라서 실제로 투자 시에는 투자점수 외에도 다양한 요소를 참고해서 종합적으로 판단할 것을 권장한다.

'리치고 AI 모델'은 이 항목들의 시계열 데이터와 지리적 좌표 등을 분석해 향후 1~4년 동안의 상승 가격을 예측하고 이를 점수로 산출한다.

■ 관심 단지의 투자 점수 살펴보기

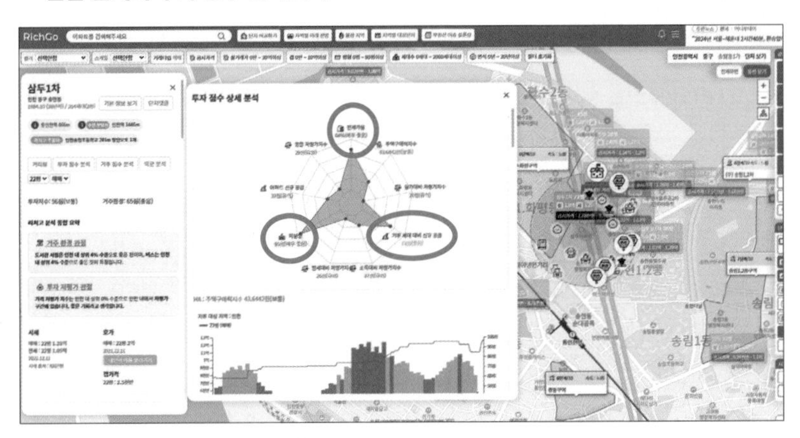

리치고 투자점수(단지선택)

② 살기 좋은 아파트 찾기 리치고 〉 아파트 검색 〉 거주점수분석

거주 점수는 교통(버스, 지하철, 기차역, 터미널 등), 교육(유치원, 초등학교 접근성, 학군 및 학원 정보 등), 생활편의시설(마트, 백화점, 병원 등), 세대수, 아파트 연식, 관리비 등을 종합적으로 고려해 매겨진다.

아래 예로 든 안양역 삼성래미안 단지는 고속버스, 시외버스 그리고 지하철 역세권에 위치하여 교통 점수가 높다. 대단지에 어린이집과 초중고가 근접하여 교육 점수도 높게 나오고 있다. 아울렛과 영화관이 위치하여 쇼핑과 문화시설 관련 점수도 높다. 이에 따라 전체적인 거주 점수도 높게 나타난다. 하지만 전체 점수뿐 아니라 거주 목적에 적합한 항목의 점수가 높은지 꼭 확인해보아야 한다. 종합적으로 보면 삼성래미안은 거주 점수가 91점으로 살기에 매우 좋은 단지이다.

투자점수와 동일한 방식으로 '리치고 AI 모델'이 이들 항목을 종합해 점수를 매기기 때문에 주변 단지 중 어느 단지를 선택할지 결정하는 데 도움받을 수 있다.

■ 관심 단지의 거주 점수 살펴보기

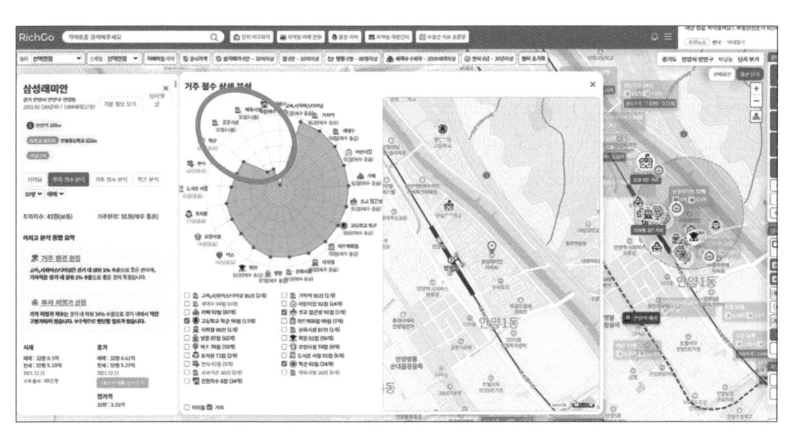

리치고 거주 점수(단지 선택)

③ 두 개 단지를 놓고 고민된다면 리치고 > 단지 비교하기

단지 비교하기 기능은 최종 후보 아파트 두 곳을 비교할 때 유용하다. 두 단지의 기본정보뿐 아니라, 거주 환경과 투자 관점에서의 순위, 다양한 항목별 점수를 직관적으로 보여주기 때문에 다양한 관점에서 비교해 볼 수 있다. 아실도 두 개 단지 가격비교 기능을 제공하지만 단순 데이터 비교만 하므로 점수로 보여주는 리치고가 최종 단지선정 하기에 더 편리하다.

거주환경 점수로 서울 송파구 잠실엘스와 강남구 삼성청담공원아파트를 비교해보면, 잠실엘스는 세대수와 병원이 우수하고 삼성청담공원은 문화시설과 체육시설이 우수하다. 따라서 실제 구매자에게 어떤 부분이 중요한지 생각해보고 직관적으로 판단할 수 있게 도와준다. 다시 말해, 문화시설에 더 비중을 두는 사람이라면 삼성청담공원아파트가 더 적합한 단지일 것이다.

■ **관심 단지 비교하기**

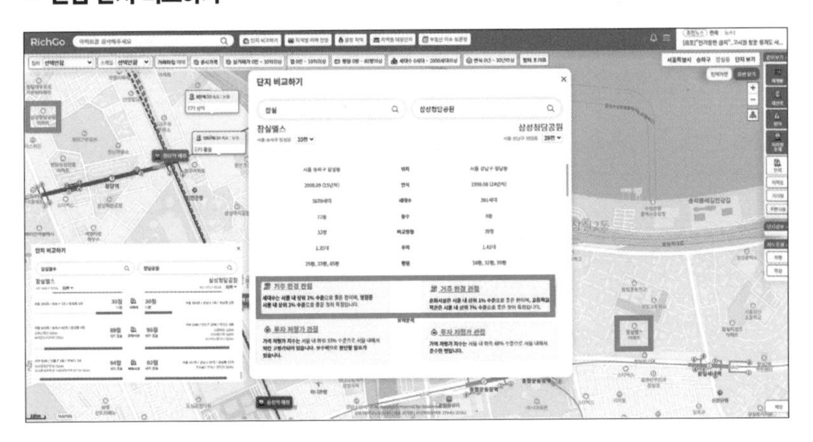

리치고 단지 비교(2개 단지 선택)

④ 지역의 미래 가격 예상하기 **리치고 〉 지역별 미래 전망**

투자 측면에서 간과하면 안 될 기능이 지역별 미래 전망이다. 현재 아파트값이 오르고 있더라도 미래 가격이 하락할 것으로 예측된다면 매수 시기를 한 번 더 고민할 필요가 있기 때문이다.

아래 그림에서 보는 것과 같이 2021년 흐름은 전국이 상승이지만 경기, 서울 그리고 부산은 1년 후와 중장기 하락이 예상된다. 투자를 고려하는 경우, 매매 시기를 잘 판단하고 진행해야 할 것이다.

개인용 무료 버전에서는 시·도·군·구 단위의 분석이 가능하며, 기업용 버전에서는 단지별 상세분석을 제공하고 있으니 참고하도록 하자.

■ 시/도 단위 미래 전망

지역별 미래 전망

시/도 단위로 미래 전망 보기 ▾

현재흐름과 미래전망 어떻게 보나요?

시/도 인구수	현재 흐름 21.12.06	단기 전망 1년 전후	중장기 전망 1~3년 이후
경기 ∨ 1.4천만명	장기 상승 진행중	약한 하락	약한 하락
서울 ∨ 952.1만명	보합	약한 하락	약한 하락
부산 ∨ 335.4만명	장기 상승 진행중	약한 하락	약한 하락
경남 ∧ 331.6만명	장기 상승 진행중	보합	보합
김해시 53.8만명	장기 상승 진행중	보합	보합
양산시 35.4만명	장기 상승 진행중	보합	보합
진주시 34.7만명	장기 상승 진행중	보합	보합
창원시 성산구 25.2만명	장기 상승 진행중	보합	보합

리치고 지역별 미래 전망(개인용 무료버전)

⑤ 기타 기능

이외에도 리치고에서는 단지별 시세와 실거래가, 재개발·재건축·청약 현황, 지하철 호재 등을 확인할 수 있다. 최근 가격 상승률이 높은 '불장 지역'과 지역 시세를 주도하는 '대장 아파트' 검색도 가능하다.

단지별 시세는 KB은행 시세가 실거래가와 함께 표기가 되어 가격 비교에 도움이 된다. 재개발과 재건축 현황은 사업 추진 단계가 어디까지 와있는지 볼 수 있어 진행 속도를 판단할 수 있다. 청약 단계도 확인할 수 있으며, 향후 집값에 영향을 줄 수 있는 개통 예정 지하철 노선도도 함께 표시된다.

매매·전세, 공시가격, 실거래가, 갭, 평형, 세대수, 연식 등의 필터를 통해 원하는 단지만 선택해서 볼 수 있어 편리하며, 단지 시가총액, 세대수 등으로 범위를 조정할 수도 있다.

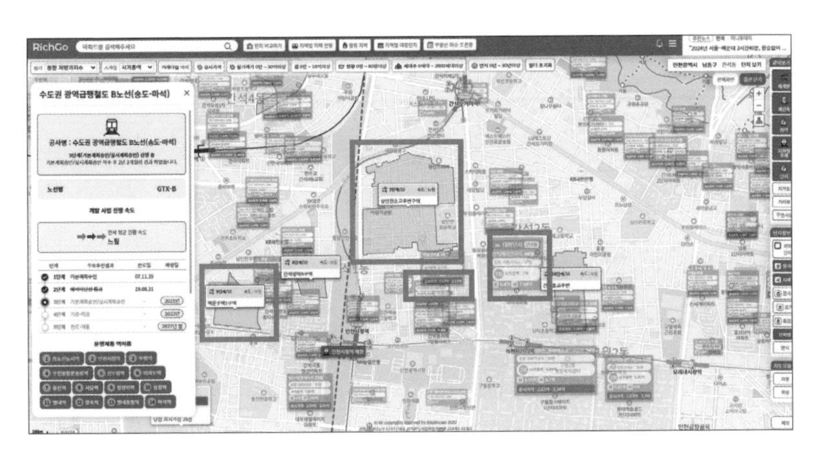

리치고 기본 화면

앞 페이지 그림을 보면, 인천시청역 주변 대장 단지는 간석래미안 아파트이다. 2천4백여 세대로 대단지이면서 KB시세와 실거래 가격 차이도 3.5억 이상으로 더 살펴볼 필요가 있다. 상인천초교주변구역 재개발은 진행 단계는 7단계이지만 사업시행인가(2011년 7월 11일) 이후 관리처분까지 상당히 많은 시간이 소요되고 있어서 투자에 있어 투자에 있어서는 진행 사항을 지켜봐야 할 것이다.

GTX-B가 예비타당성을 통과하여(2019년 8월 21일), 인천시청역은 향후 트리플 역세권이 될 지역으로 서울까지 30분에 도착 가능하여 서울 접근성이 좋아질 것이다. 인천시청역 접근성이 좋은 대단지인 어울림마을과 재개발추진이 9단계에 있는 백운주택 1구역도 주목할 만하다.

'호갱노노' '리치고' 외에도 아파트 단지에 대한 정보를 보여주는 앱이 계속해서 탄생하고 있다. 각각의 앱이 가지는 장단점을 비교해 보고 나에게 맞는 기능을 활용한다면 내가 살 집에 대한 고민을 줄이는 데 큰 도움이 될 것이다.

토 | 막 | 지 | 식

부동산 의사결정의 등대, 리치고 탄생 이야기

인생을 살아가다보면 중요한 의사결정이 많이 있지만, 특히 부동산에 대한 의사결정은 상당히 중요한 의사결정이다.

실제로 내 집을 언제 살 건지, 어디에 살 건지에 대한 의사결정 하나로 이후의 인생이 바뀌는 경우를 주변에서 흔히 찾아볼 수 있기 때문이다.

그런데 이렇게나 중요한 의사결정을 대부분의 사람들이 너무 주먹구구식으로 한다는 것을 알게 되었다. 부동산 관련 데이터는 많지만 모두 제각각이라 개인이 부동산 투자에 대한 결정을 내릴 때 참고하기가 쉽지 않았기 때문이었다.

그래서 데이터에 근거한 과학적인 부동산 투자 시스템을 직접 만들어보기로 결심하고 2016년 1월부터 리치고 개발에 착수하였다. 그리고 2016년 6월에 빅데이터에 근거한 첫 부동산 투자를 시작할 수 있었다. 결과는 대성공이었다.

이후에도 데이터에 근거해 다양한 지역에 투자를 하였고, 데이터가 전망하는 대로 결과가 나오는 것을 확인할 수 있었다.

이 결과를 모아 2018년 2월, 〈빅데이터 부동산 투자〉 라는 책을 출간하였으며 이후 강의를 하면서 리치고를 사용하고 싶어하는 사람들이 점점 많아지게 되었다.

나 뿐만 아니라 다른 사람들도 데이터에 근거한 과학적인 부동산 투자를 하고 싶다는 사실을 확인한 나는 2019년 5월에 데이터노우즈(Dataknows)라는 회사를 설립하였다. "데이터를 답을 알고 있다" 라는 의미이다.

리치고 서비스는 개인 및 기업들의 부동산 관련 의사결정에 도움을 줄 수 있도록 직관적으로 설계를 하였고, 개별 아파트에 대한 투자 점수, 거주 점수, AI 미래가격 등 다른 앱과는 차별화된 부동산 서비스를 하고 있다.

나아가 이제는 부동산 영역을 넘어 금융 자산 관리까지 서비스 영역을 확장하기 위해 준비중이다. 22년 중순에 한국에서 가장 신뢰받는 애널리스트 중 한 분인 홍춘욱 박사, 그리고 자산배분 전문가 김성일 이사와 함께 리치고 투자자문 서비스를 오픈할 예정이다.

어떠한 금융시장 상황하에서도 꾸준하고 안정적인 수익을 올릴 수 있는 자동화된 자산배분 전략 제공하게 될 것으로 기대하고 있다.

내집 마련하기

주택선정 요소

자연환경

학군

교통

편의시설

일자리

어떤지역을 선택 할 것인가 ?

시장강도

심리지수

어느 단지를 선택 할 것인가 ?

" 대장아파트" 통한 시세 분석

AI 투자점수

"주택선정 요소"를 거주 점수로 분석

Part3

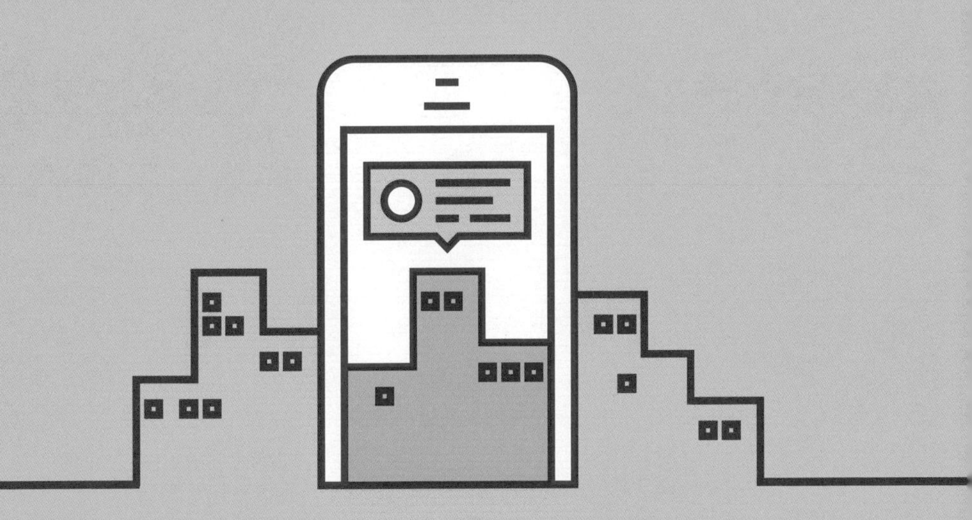

프롭테크로 자산 늘려가기

용택 이제는 내가 살 집 마련하는 데 도움이 될 방법을 찾은 것 같네요. 무작정 찾아다니기보다 객관적인 정보를 보며 합리적으로 선택할 수 있으니 든든하네요.

창욱 그렇죠. 앱을 통해 내 집 마련에 많은 도움을 받을 수 있으니 확실히 예전보다 편리하게 된 것 같아요.

유성 내 집을 마련한 다음에 부동산 자산을 늘려가는 방법도 좀 더 쉬워졌답니다.

용택 더 큰 집이나 신축 아파트를 마련할 때도 도움되는 방법이 있을까요?

유성 물론이죠. 재개발 재건축을 미리 준비하면 된답니다. 그뿐만 아니라 다양한 정보가 통합되어 땅을 사서 내 집이나 건물을 짓는 것도 이제 막막한 일이 아니게 되었습니다.

재개발 단지 미리 들어갈까

정비사업 정보몽땅, 부동산 플래닛

부동산 앱으로 유망 단지 찾아보기

앞서 살펴본 아파트 단지 선택 방법은 당장 입주가 필요할 때 유용하다. 하지만 지금 당장은 아니지만 아이들이 자랄 몇 년 후를 생각해 미리 내 집을 준비하는 방법은 없을까? 어차피 차곡차곡 자금을 모을 시간도 적잖이 필요하기 때문이다.

이런 경우는 재개발·재건축 등 '정비사업' 정보를 찾아보며 준비하면 좋다. 우선 정비사업이 진행되는 과정을 살펴보자.

정비사업 단계별 주요 특징을 살펴보면, 우선 정비기본계획이 수립

되고 재건축추진위원회가 해당 지역 시장이나 군수 등 자치구청장에게 안전진단 신청을 한다(안전진단 단계는 재건축에만 해당되며 재개발에는 해당되지 않는다).

안전진단을 통과하면 정비구역이 지정되고, 이후 추진위원회 승인을 받으면 조합설립을 하며 시공사를 선정한다(단, 서울시의 경우 사업시행인가 이후에 시공사 선정을 하게 된다).

사업시행인가를 통해 정비사업을 최종 확정하는 행정절차를 진행한다. 서울시의 경우, 정비사업의 투명성과 효율성을 위해 공공지원제도를 실시하고 있다. 공공지원제도를 통해 정비사업의 행정적 지원을 받게 된다.

이후 조합원들의 종전 자산에 대해 감정평가를 진행하고, 일반분양가와 사업비 등을 고려하여 조합원들의 추가 분담금을 산출한다. 감정평가액을 바탕으로 희망 평형을 신청하여 조합원 분양분과 일반 분양 세대수를 확정하고 관리처분계획을 진행한다. 이 단계에서 조합원들의 권리가액과 분담금이 구체적으로 산정된다.

■ **정비사업의 단계**

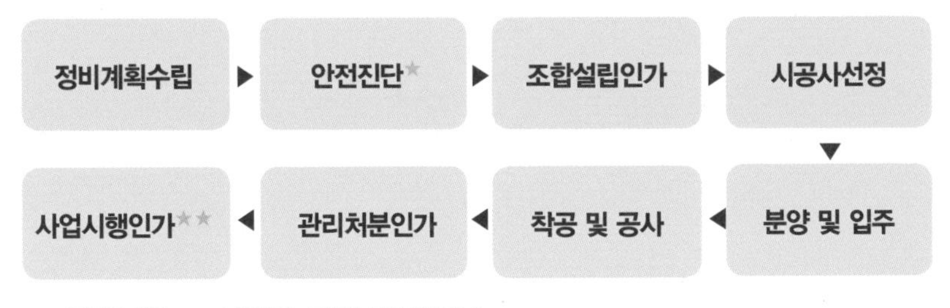

★재건축만 해당 ★★감정평가, 조합원 분양신청 단계

관리처분인가가 나면 이주와 기존 주택 철거를 진행한다. 조합원 동호수 추첨, 착공과 공사도 이 단계에서 이루어진다. 그리고 일반 분양 청약을 접수하여 분양을 완료하고 준공 및 입주가 마무리되면 청산이 되고 전체 사업도 마무리 된다.

오래된 집이나 토지의 가격은 이런 단계를 거치면서 가격이 상승한다. 하지만 정부의 정책이나 시장 환경에 따라 사업 기간이 길어질 수도 있기 때문에, 가격이 낮다는 장점만 보고 사업 초기에 들어가기에는 위험이 따른다.

때로는 10년, 혹은 20년이 넘어도 사업 추진이 쉽지 않은 경우가 발생한다. 투기과열지구에 있는 재건축 아파트의 경우, 조합설립인가 이후에 원칙적으로 조합원의 권리 매매가 불가능하기 때문에 30년 이상 된 오래된 아파트에서 살아야 하기도 한다. 투기과열지구에 있는 재개발의 경우, 원칙적으로 관리처분인가 이후 조합원 권리를 승계할 수 없다.

이 장에서는 서울시의 '정비사업 정보몽땅'을 통해 정비사업 진행 상황을 확인하고, '부동산플래닛' 앱을 활용해 정비사업의 진행 시기를 예상하며 스스로 판단할 수 있는 안목을 기르는 방법을 알아본다.

정비사업 관련 모든 정보를 하나로 모은
정비사업 정보몽땅

2021년 9월 오픈한 '정비사업 정보몽땅(정비사업 종합정보관리 시스템)'은 서울시 내 재개발·재건축 사업 등 정비사업과 관련한 모든 정보를 한눈에 볼 수 있는 종합 포털이다.

조합이 정비사업 추진 과정을 공개하는 '클린업시스템', 조합이 생산하는 모든 문서를 100% 전자화하고 조합원에게 실시간 온라인으로 공개하는 'e-조합 시스템', 토지 등 소유자별 분담금 추산액을 산출하는 '분담금 추정 프로그램' 기능을 한데 모은 것이다. 홈페이지 주소(cleanup.seoul.go.kr)는 기존 클린업시스템과 동일하다.

서울특별시 정비사업 정보몽땅

① 정비사업장 찾아보기 초기화면 〉 정보공개현황 〉 사업장검색

홈페이지에서 [정보공개현황]-[사업장 검색]을 선택하면 정비사업을 추진 중인 지역을 살펴볼 수 있다. 사업 구분(재개발·재건축 등) 혹은 사업 단계에 따라 원하는 지역 검색이 가능하다. 투자를 고려한다면 사업 진척이 어느 정도 이뤄진 '조합설립인가' 단계 이상의 사업장을 선택하는 것이 좋다. '관리처분인가' 이후의 단지는 투자 가능한 매물이 많지 않을 뿐더러, 그나마도 상당한 웃돈을 얹어줘야 하는 경우가 많아 시세

■ 송파구 재개발 조합설립인가 검색, 진행단계 오름차순 정렬

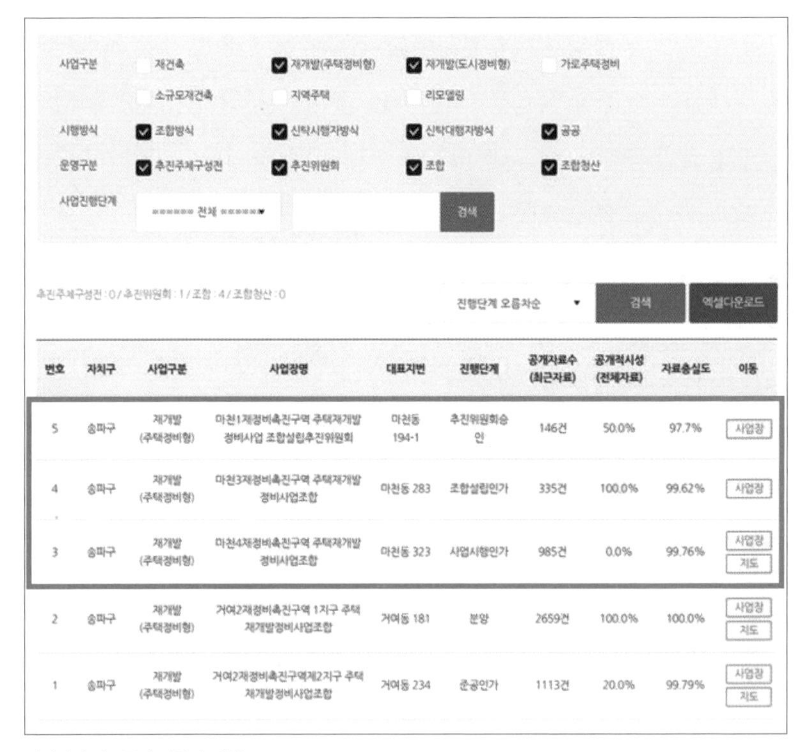

번호	자치구	사업구분	사업장명	대표지번	진행단계	공개자료수 (최근자료)	공개적시성 (전체자료)	자료충실도	이동
5	송파구	재개발 (주택정비형)	마천1재정비촉진구역 주택재개발 정비사업 조합설립추진위원회	마천동 194-1	추진위원회승인	146건	50.0%	97.7%	사업장
4	송파구	재개발 (주택정비형)	마천3재정비촉진구역 주택재개발 정비사업조합	마천동 283	조합설립인가	335건	100.0%	99.62%	사업장
3	송파구	재개발 (주택정비형)	마천4재정비촉진구역 주택재개발 정비사업조합	마천동 323	사업시행인가	985건	0.0%	99.76%	사업장 지도
2	송파구	재개발 (주택정비형)	거여2재정비촉진구역 1지구 주택재개발정비사업조합	거여동 181	분양	2659건	100.0%	100.0%	사업장 지도
1	송파구	재개발 (주택정비형)	거여2재정비촉진구역제2지구 주택재개발정비사업조합	거여동 234	준공인가	1113건	20.0%	99.79%	사업장 지도

정비사업 정보몽땅 사업장 검색

차익을 기대하기 보다는 실거주 목적으로만 투자하는 경우가 많다. 투자하고 싶은 후보 사업장을 골랐다면, 이번에는 조합원 지위 양도가 가능한 곳인지 다시 한 번 확인해야 한다.

***투기과열지구의 경우, 조합설립인가 이후에는 원칙적으로 조합원지위 양도가 불가능하다**

마천 4구역 재개발의 경우 사업시행인가 단계로 조합원 지위를 승계받을 수 있다. 마천 1구역과 마천 3구역도 정비사업 초기 단계이기 때문에 조합원 지위를 승계받을 수 있다. 관리처분인가를 받게 되면 거래를 할 수 없으니 진행 단계를 확인하고 초기 투자금액을 고려해 투자를 진행하는 것이 좋다. 입주에 가까워질수록 매매 시세에 근접하기 때문에 예산에 맞춰 선택한 재개발 단지에 선택하여 투자하면 된다.

② 투자 관점에서의 선택 기준

만약 눈에 띄는 여러 사업장 중 한 곳을 고른다면 기본적으로 아래 요소를 고려하는 것이 좋다.

- **동일한 정비사업 방식이라면 기존 용적률(대지 면적 대비 건축 면적 비율)은 낮고, 재건축 시 법정 허용 용적률이 높을수록 투자 가치가 높다.**
- **소유자수 대비 건립 예정 세대수가 많을수록 일반분양 물량이 많고 사업성이 우수하다.**
- **학군이 좋은 아파트를 고려해야 하고, 시공사가 선정됐다면 브랜드를 고려한다.**

예를 들어, 재개발과 재건축이 활발하게 이루어지고 있는 광명 지역의 경우, 철산주공 8~9단지는 5층 이하 저층에 용적율이 77%로 낮아서 사업성이 우수한 단지다. 현재 철거 중이며 시공사는 GS건설이 선정돼 사업을 진행하고 있다. 계획용적률은 279.9%로 총 세대수 3,801세대 중 일반 분양이 1,600세대가 넘는다. 주변 광명 재개발과 기존 철산주공 재건축으로 인근이 신축 아파트로 대거 바뀔 예정이라 재건축 이후 가치가 많이 상승할 것으로 보인다.

재건축 단지를 염두에 둔다면 위와 같은 요령으로 선택하는 것이 좋다.

단지 노후도를 바탕으로 재개발·재건축 지역을 예상하는
부동산플래닛

서울, 경기 등의 직주근접 지역에는 새 주택이 들어설 빈 땅이 많지 않아 재개발·재건축을 통한 주택 공급이 절실하다.

재개발·재건축 사업의 필수 조건은 노후도다. 해당 지역이 지은 지 얼마나 오래되었느냐 하는 것이다.

이 노후도 조건은 준공 연도와 골조 소재다. 철근 콘크리트 건물(대체로 아파트)은 30년, 연와조·기화조·벽돌조 등 건물(빌라)은 20년 이상이면 노후화됐다고 본다. 이런 건물이 전체 지역에서 3분의 2 이상이면 재개발 구역으로 지정될 수 있다. 단, 서울시는 노후도 조건 외에도 주택개발구역에서 구역면적이 1만㎡ 이상이어야 한다는 조항이 있다.

더 구체적으로는 아래와 같은 기준이 있는데, 쉽게 말해 집을 새로 짓기 힘들고, 주차 환경이 좋지 않으며, 건물이 밀집해 일조권이 좋지 않은 지역이다.

재개발 지역 선정 조건

① 과소필지(90㎡ 이하의 토지) : 40% 이상

② 주택접도율(4m이상 도로에 접한 주택 비율) : 40% 이하

③ 호수밀도(1헥타르 내 건축물 총 동수) : 60세대 이상 (도시재개발법)

서울시가 재개발 해제지역을 대상으로 진행하고 있는 실태조사에 따르면, 해제지역 316구역 중 절반 이상이 건물 노후화가 심각해 법적 요건을 충족한다고 보고 있다. 재추진 의사에 따라 재개발 구역지정이 가능할 곳이 아직 많이 남아 있다는 것이다.

따라서 이러한 곳을 찾는다면 재개발이 추진되기 전에 상대적으로 저렴하게 내 집을 마련할 수 있다. 물론 앞서 살펴본 여러 단계를 거쳐야 하기 때문에 생각보다 오랜 기간이 소요될 수 있다는 점은 염두에 둬야 한다.

부동산플래닛은 아파트와 빌라의 노후도를 확인할 수 있어 이러한 과정을 매우 편하게 해준다. 그리고 다른 앱처럼 학군과 상권 정보도 함께 볼 수 있어 미래의 내 집을 찾는데 유용하다.

① 건물 노후도 기준 검색 초기화면 〉 실거래가조회 〉 건물탐색

첫 화면의 '준공 연차' 필터를 사용해 건물을 탐색하고 결과를 비교해 보자. 빨간색은 노후한 곳을, 파란색을 신축을 의미하므로 파란색이 많다면 재개발이 어려울 수 있다.

아래 지도에서 탐색조건을 준공 연차 30년 이상으로 하면, 재개발 구역해제가 됐던 창신·숭인 뉴타운은 빨간색이 많은 것을 볼 수 있다. 즉 노후도가 높아 재개발 추진이 수월할 수 있음을 의미한다.

하지만 조건이 된다고 모두 재개발을 하는 것은 아니므로, 반드시 현장을 방문해 지역 분위기를 점검하고 재개발 추진 가능여부를 확인해 보는 것이 중요하다. 예를 들어 상가가 많은 곳은 재개발 추진이 어려운 것이 일반적이다.

실제로 이 지역도 2013년 재개발촉진지구(뉴타운) 후보지로 지정됐다가 무산된 후, 2021년 현재 재추진을 위해 주민 의견을 수렴 중이다. 하지만 재개발 방식과 정책 지원을 두고 아직도 다양한 이해관계가 있어 주민 의견이 통일되기 위해서는 좀 더 시간이 소요될 것으로 보인다.

■ **준공 후 30년 이상 건물 검색 결과**

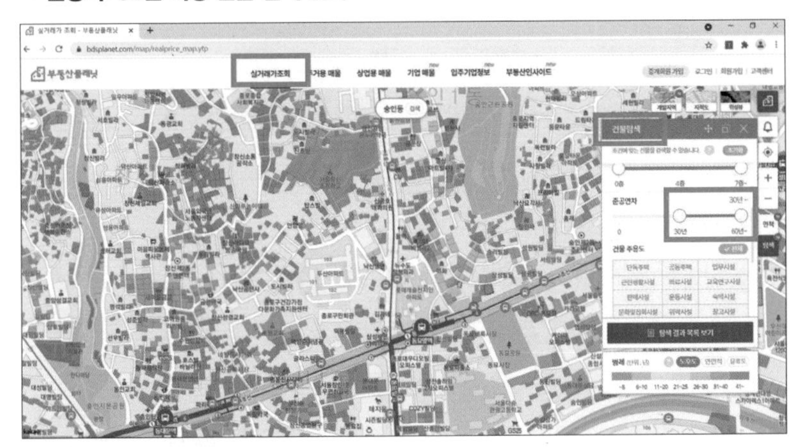

부동산플래닛 노후도 탐색(30년 이상)

■ **준공 후 19년 이하 건물 검색 결과**

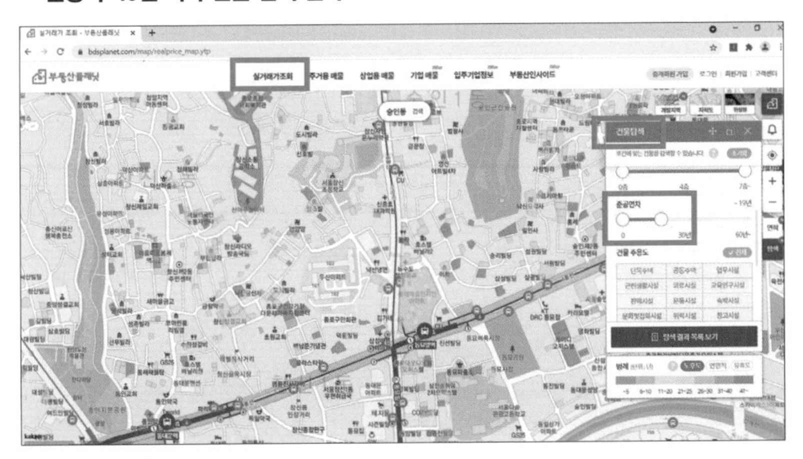

부동산플래닛 노후도 탐색(19년 이하)

토 | 막 | 지 | 식

부동산플래닛 탐색(노후도) 탄생 비화

부동산플래닛은 전국 3900만필지, 725만동의 토지 및 건축물 정보와 실거래가 정보, AI 추정가(집합건물 제외) 정보를 제공하는 종합 부동산 플랫폼으로 다양한 기능이 활용되고 있다.

이 장에서 소개된 탐색기능은, 주요 기능이라기보다는 사업검토의 편의성을 높이기 위해 실험적으로 만들었던 기능이다. 토지면적, 연면적, 준공년도 등 필터 조건에 맞는 잠재 물건을 빨리 찾아 내거나 각종 플랫폼에서 광고 되고 있는 매물의 위치를 쉽게 찾아내기 위한 목적으로 개발되었던 것이며, 재개발 검토를 위한 노후도 확인 목적으로 이렇게 큰 인기를 끌 줄은 예상하지 못했다고 한다.

한편, 이 기능은 2022년 1월 탐색플러스 서비스로 업그레이드 되어 초기 재개발 분석툴로서의 기능이 더욱 강화되었다. 사용자가 임의로 그린 영역의 구역면적, 노후도, 과소필지, 접도율, 호수밀도 등을 자동으로 분석해준다. 이를 통해, 재개발 지역 선정 조건을 단 몇 초만에 확인할 수 있으며 필지목록을 엑셀로 다운로드 받을 수도 있어 편의성이 대폭 향상되었다.

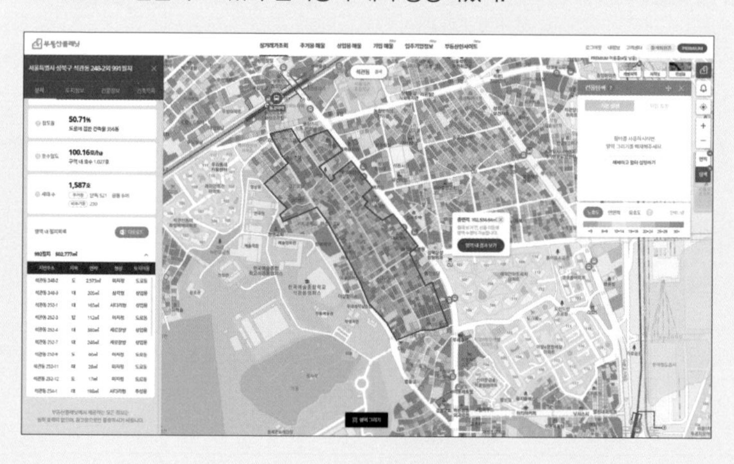

땅 살 때도 스마트하게

일사편리, 토지이음, 씨:리얼, 디스코

부동산 앱으로 유망 토지 찾아보기

세상에 같은 땅은 하나도 없다. 그래서 토지 투자가 어렵다. 본인이 직접 살아야 할 집은 지역과 단지를 둘러보며 누구나 어느 정도 판단할 수 있다. 하지만 토지는 형태가 제각기 다르고 미래 가치를 판단하기도 까다롭다.

토지 투자가 어려운 또 다른 이유는 규제다. 물론 주택과 아파트 매매 과정에도 다양한 규제가 있지만, 토지는 매매하려는 토지가 규제상 개발행위허가제한에 묶여 있거나 어떤 건축제한(건폐율, 용적률, 건축물의 용도)을 받는지도 판단해야 한다.

다행히 개인투자 수준에서 모든 규제를 일일이 외울 필요는 없다. 토지에 일반적으로 적용되는, 기본적인 규제와 종류를 어느 정도 알고 있으면 관련 증명서를 통해 상세한 내용을 확인할 수 있기 때문이다.

이번 장에서는 '일사편리'와 '씨:리얼' 사이트를 통해 이 증명서를 인터넷으로 발급받는 방법과, 이를 직관적으로 분석해주는 '디스코' 앱을 소개한다.

부동산 증명서 발급은 토지 투자의 첫걸음
일사편리

토지 투자의 첫걸음은 토지 관련 증명서를 발급받고, 이에 담긴 내용을 분석하는 것으로 시작된다. 토지 관련 증명서는 등기부등본, 대장, 도면, 토지이용계획확인서 등이 있고, 18종의 정보를 통합한 부동산 종합증명서가 있다. 이 종합증명서를 분석하면 토지에 대한 기본 정보를 알 수 있으므로, 임장 가기 전 대략적인 투자 가치를 판단해볼 수 있다.

예를 들어 토지 표시를 통해 토지가 속하는 지목, 면적, 개별공시지가를 알 수 있으며 토지이용계획을 통해 용도지역을 확인하고 개발 가능성과 건축제한 등을 파악할 수 있다.

각 항목에 대한 좀 더 상세한 내용은 대법원 인터넷 등기소, 정부24 웹사이트를 통해 열람하거나 발급받을 수 있다.

증명서 종류	확인할 수 있는 내용	발급 사이트
부동산 등기부등본	토지 소유권, 특정 권리관계 유무 파악	인터넷 등기소
토지이용계획확인서	용도지역과 토지거래허가구역을 확인	정부24
토지대장	토지 지목과 면적 확인	
건축물대장	건물 규모, 용도, 소유자 현황 등 확인	
지적도	토지 경계와 형태 확인	
부동산 종합증명서	주소, 소유자, 채권, 지분, 연혁 등 확인	일사편리

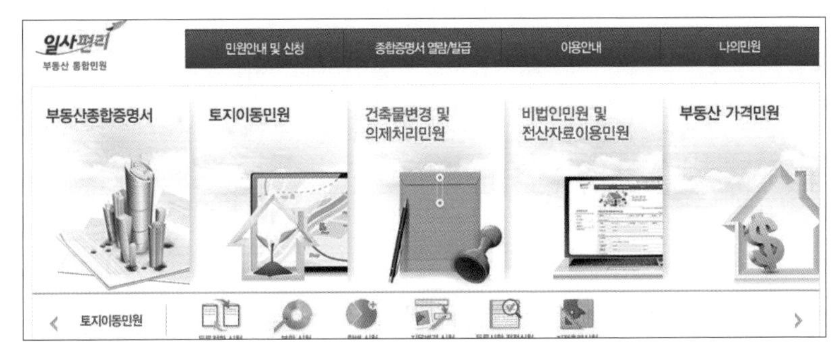

일사편리 초기화면

종합증명서 내용을 다양한 관점에서 간편하게 분석

토지이음 & 씨:리얼

토지e음

SEE:REAL

국토교통부가 운영하는 '토지이음'과 한국토지주택공사(LH)가 운영하는 '씨:리얼'은 앞서 소개한 부동산 관련 증명서 내용을 바탕으로 토지이용계획을 다양하게 분석할 수 있도록 해준다.

토지이음에서 주소를 입력하면 도면과 토지이용계획의 변경 이력을 열람할 수 있고, 씨:리얼을 통해서는 기본적인 토지 정보, 소유 및 공시지가, 토지이용계획, 토지이용계획도, 건물기본정보 등 부동산 종합정보, 토지 대장, 등기, 실거래가 등 좀 더 상세한 정보를 열람할 수 있다.

토지에 대한 가치, 즉 투자 가치를 판단하기 위해서는 토지 개발 뉴스나 발표 등의 정보를 활용하는 것도 좋지만 토지이용계획확인서와 대장 및 도면을 활용하고 실제 임장을 통해서 투자 결정을 하는 것이 가장 정확하다.

예를 들어 4차 국가철도망 계획 발표를 듣고 철도망이 들어설 위치만 보고 투자를 결정한다면, 개발이 아예 불가능한 곳을 선택할 위험이

구분	웹사이트 주소	발급 증명서
토지이음	www.eum.go.kr	토지이용계획, 도시계획 열람
씨:리얼	seereal.lh.or.kr	토지종합정보, 실거래가, 요약정보 열람

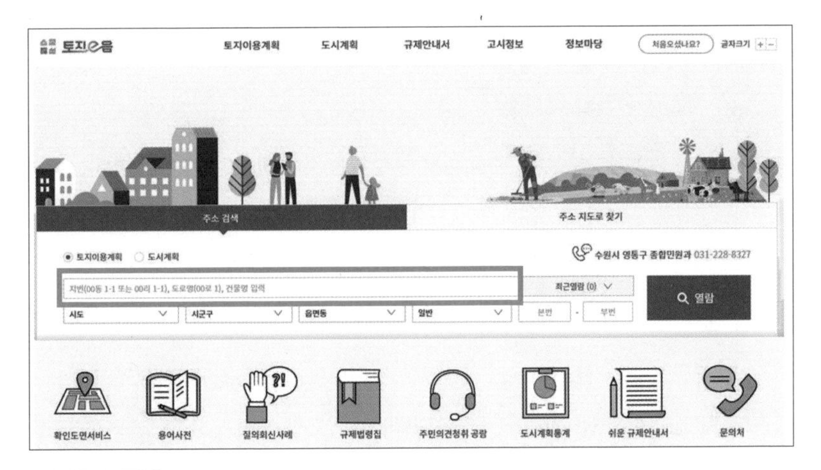

토지이음 초기화면

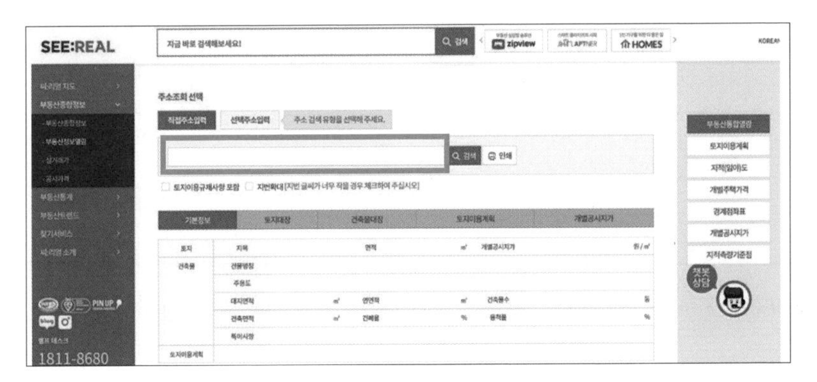

씨:리얼 초기화면

있기 때문이다. 투자 전에는 토지이용계획확인서를 통해 용도지역과 토지거래허가구역을 꼭 확인해야 한다.

'토지이음' 과 '씨:리얼'을 통해 토지이용계획과 도면을 통해 이런 정보를 한눈에 보기 쉽게 확인할 수 있다. 하지만, 최신 데이터와 차이가 있을 수 있으므로 원본 데이터를 꼭 한 번 더 확인하기 바란다.

토 | 막 | 지 | 식

토지 구입의 첫걸음

가치 있는 토지를 찾기 위해 가장 먼저 해야 하는 것은 어느 지역을 개발한다는 뉴스나 정부 발표 등을 보는 것이다. 특히 정부의 국토개발계획이나 교통망계획은 미리 공지가 되므로 관심을 갖고 찾아보면 다양한 정보를 얻을 수 있다. 하지만 이러한 지역에 있는 토지라고 해도, 무턱대고 구입했다가 큰돈이 묶일 수 있으므로 아래 정보를 우선 신중하게 검토한 후 현지에 가서 부동산중개사와 상담해서 최종 의사결정하는 것이 바람직하다.

등기부등본

소유권, 용익권(임차권, 지상권, 전세권), 압류와 같은 권리사항 유무를 파악할 수 있다. 특히, 현재 소유권자는 누구인지, 다른 사람에게 임차나 지상권이 설정되어 있지 않는지 반드시 파악해야 한다.

토지이용계획확인서

용도지역과 토지거래허가구역을 확인할 수 있다. 개발계획이 있는 지역이라도 건물을 지을 수 없는 토지도 있고 정부 규제로 인해 구입이 까다롭거나 불가능한 토지가 있을 수 있기 때문이다.

토지대장과 도면

토지의 지목과 면적 등을 객관적으로 점검할 수 있다.

※지목

토지를 현재의 사용 목적에 따라 분류해 놓은 것이다.

전(답) 답(논) 임(임야) 대(대지) 도(도로) 장(공장) 등 28개로 나뉜다.

※용도 지역

토지의 이용실태와 특성, 향후 이용 방향을 고려해 분류해 놓은 것이다.

건물의 용도, 면적(건폐율/용적률), 층수(높이)를 제한하는 기준이 되므로 건물을 짓기 전 반드시 확인해야 하며, 녹지지역은 상업/주거/공업지역으로 변경되어야 원활한 개발이 가능하다.

※토지거래 허가구역

투기수요가 몰리거나 토지 가격의 급격한 상승이 우려되는 경우 지정되며, 원칙적으로 시장/군수/구청장의 허가를 받아야 거래할 수 있다.

스마트한 토지 투자의 시작
디스코

disco

부동산 투자를 하다보면, 같은 토지인데 공인중개사무소마다 가격이 다른 경우가 있다. 매도하는 사람의 상황에 따라 가격이 바뀔 수도 있고, 매입하려는 사람의 정보가 충분하지 않아 확인이 어려운 경우도 있기 때문이다.

따라서 인근 지역 혹은 해당 토지의 실거래가를 확인하면 이런 어려움을 최대한 줄일 수 있다. 이를 위한 다양한 사이트와 앱이 존재하지만 여기서는 가장 많이 사용하는 '디스코' 앱을 통한 방법을 알아보도록 하겠다.

'디스코' 에서는 토지 투자에 대한 기본 정보와 실거래 그리고 매물을 편하게 볼 수 있다. 공공데이터를 기반으로 토지(3,800만 건) 및 주거용·상업용 부동산(건물정보 4,000만 건)에 대한 실거래가(4,000만 건) 및 경매정보(11만 건) 를 클릭 한 번으로 조회할 수 있다.

특히 토지의 경우 기본 정보뿐 아니라 지적도, 토지이용계획을 한 번에 보고 투자 결정에 참고할 수 있다.

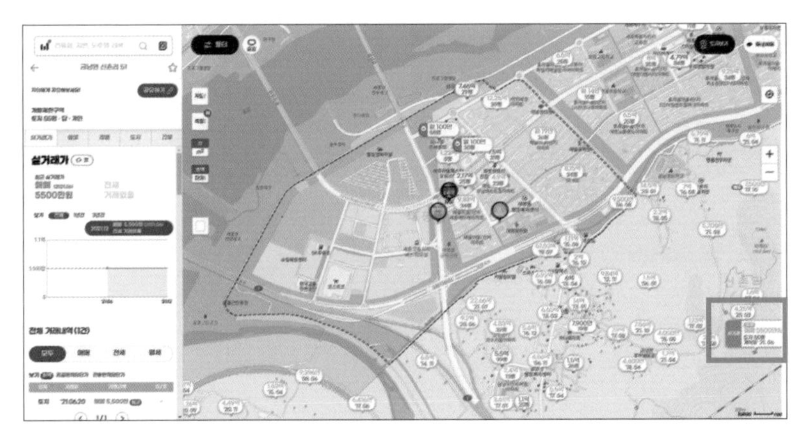

디스코 초기화면(토지 선택)

디스코 화면에는 부동산 유형이 총 10가지가 표현이 된다. 예를 들어 토지는 녹색, 보라색은 상업용 건물, 연립/다세대는 주황색 등 필터를 통해 선택하고 볼 수 있다. 동별 구분은 점선으로 구분이 된다.

① 유형별 분류 초기화면 〉 필터

디스코 기본 화면에서는 부동산을 유형별로 분류할 수 있다. 앱 필터를 통해 매물, 경매, 실거래가를 기간과 거래가격을 설정할 수 있고, 해당 지역 공인중개사를 찾거나 법정도 경계선을 구분해 볼 수 있다. 필터에서 유형과 기간, 가격조건을 설정하면 해당하는 토지를 선택해 볼 수 있다.

디스코 필터(부동산 유형)

디스코 필터(마커 유형)

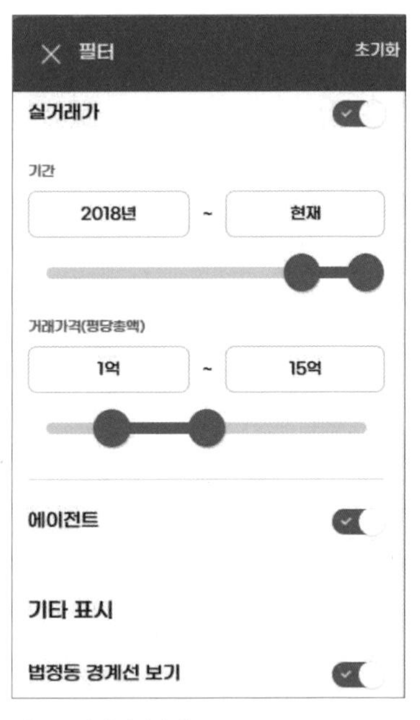

디스코 필터(실거래가)

② 토지정보 검색 초기화면 〉 지적

지도를 '지적'으로 바꿔 놓으면 토지를 용도에 따라 볼 수 있다. 우측 상단의 '토지보기' 를 누르면 로드뷰로 실제 현장 사진을 볼 수 있어 간접 임장도 가능하다.

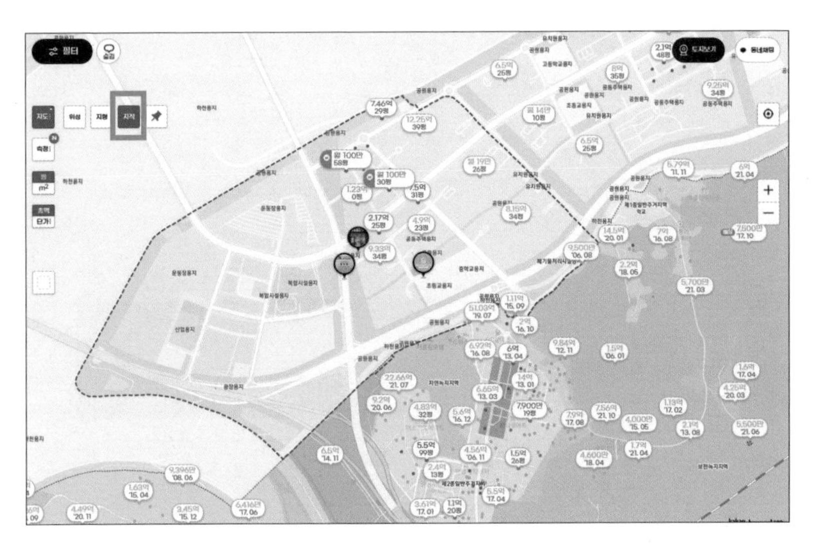

디스코 초기화면(지적 선택)

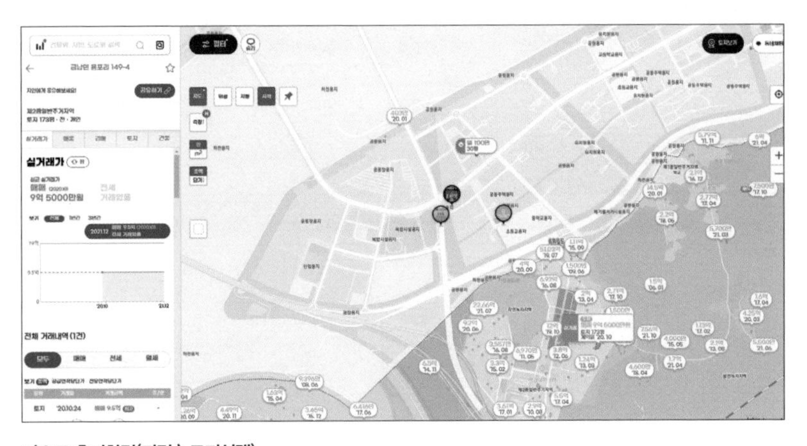

디스코 초기화면(지적 〉 토지선택)

좌측에 나오는 '토지정보' 와 '토지이용계획'을 통해 추후 개발 가능 여부를 가늠해 볼 수 있어 투자 가치를 판단하는 데 있어 유용하다.

③ 기타 기능

'거리 측정'과 '면적 측정'도 가능하다. 지하철역이나 기차역에서의 거리를 측정할 수 있고, 매입하려는 토지를 더 늘리고 싶을 때 주변 토지와 연계해 면적 합계와 공시지가를 볼 수도 있어 투자에 참고할 수 있다.

■ 면적 측정 기능

디스코 초기화면(측정 〉 면적 합계) 면적 합계 후 토지선택

검색한 토지는 관심목록으로 만들어 관리할 수도 있다. '관심목록'은 현장에 가서 정보를 다시 확인하거나 현장에서 간단히 메모를 할 수 있어 편리하다.

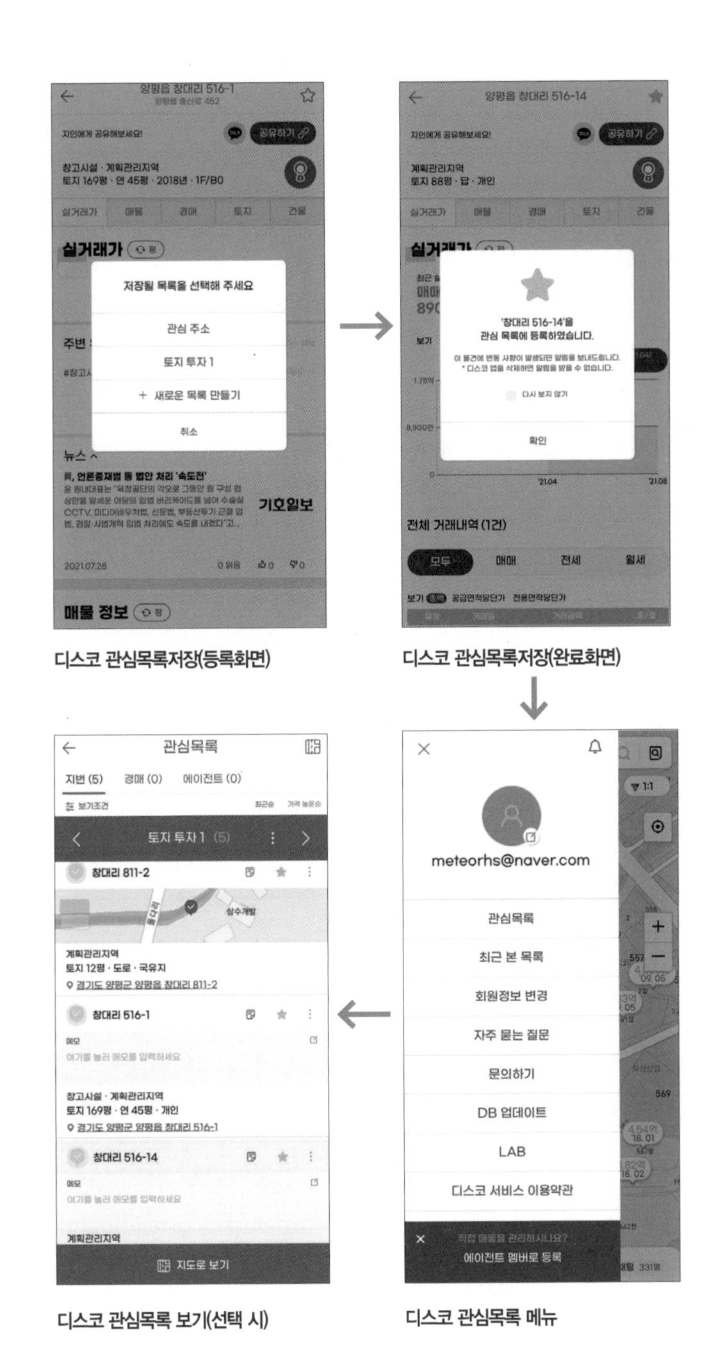

디스코 관심목록저장(등록화면)

디스코 관심목록저장(완료화면)

디스코 관심목록 보기(선택 시)

디스코 관심목록 메뉴

내 땅에 건물 지으면 나도 이제 건물주

랜드북, 닥터빌드

건물 짓는 첫걸음 배우기

토지 매입 후 건물을 지으려고 하면, 어디서부터 무엇을 해야 하는지 막막해진다.

우선 건물을 짓기 위해 건축설계사를 찾아가면 일반인이 이해하기 힘든 각종 법률과 규정이 많아 내가 원하는 모양의 건물을 짓기 쉽지 않다는 것을 알게 된다. 월세를 받기 위한 건물이라면 한 평이라도 더 넓은 건물을 지어야 하는데 제약이 많아 설계 과정이 만만치 않다.

건물을 짓는 것도 문제다. 대규모 부동산 개발을 하는 기업이라면 전문 인력과 건설업체를 통해 지을 수 있지만, 개인이 소규모로 하는 경우에는 전문가의 도움을 받기가 쉽지 않고 비용도 만만치 않다. 작은 건설사의 경우 건축 과정에서 문제가 생길 가능성도 무시할 수 없다.

따라서 내가 매입하거나 매입하려는 토지에 최적의 건물을 미리 시뮬레이션하고 건물을 짓는다면 큰 도움이 될 것이다. 한편으로는 원하는 건물을 지을 수 있는 최적의 토지를 선택하는 데도 도움을 받을 수 있다.

이 장에서는 매입한 땅에 건물을 지을 때 유용하게 활용할 수 있는 '랜드북' 앱과 안심하고 건물을 짓는 데 도움이 되는 '닥터빌드' 서비스를 소개한다.

인공지능으로 내 땅에 스마트하게 건물 짓는
랜드북

'랜드북' 은 인공기술을 이용해 소규모 토지(200평 이하)의 가치를 극대화하는 방안을 찾아준다. 공공빅데이터에 건축설계엔진을 적용해 물리적 환경, 건축법규, 부동산 시세 등을 종합적으로 고려해 토지에서 최적의 수익을 낼 수 있는 방법을 알려준다.

여기서는 '랜드북'을 이용해 원하는 토지를 찾고 인공지능으로 건물을 설계한 후 예상임대료를 산출하는 사례를 소개한다.

① 원하는 토지 검색 초기화면 〉 탐색

먼저 '탐색' 기능을 통해 원하는 토지를 찾을 수 있다.

토지 면적을 50평 이하, 토지가격을 20억 원 이하로 설정한 후, 신축 혹은 기존 노후 건물의 리뉴얼을 위해 연면적 120평 이하, 노후도 30년 이상 곳을 검색해보면, 아래와 같이 여러 매물이 검색된다.

랜드북 초기화면(필터 선택)

② 탐색한 토지 분석 초기화면 〉 관심 물건

검색된 토지 중, 임의의 한 곳을 선택해 분석해보았다. 면적은 48평, 지목은 대지이며 용도지역은 제2종 일반주거다. 토지이용계획원을 클릭하면 앞에서 소개한 '토지이음' 사이트로 연결이 된다. 지하 1층 ~ 지상 2층의 연면적 71평, 35년 된 다세대주택이다. 나아가 현재 시점의 인근 지역 시세와 공시지가를 인공지능이 분석해 건물 가격을 제외한 토지가격을 추정해준다(18.4억 원).

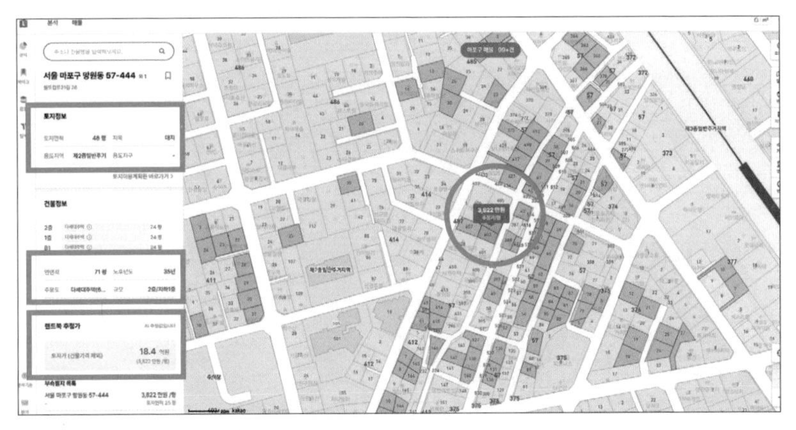

랜드북 초기화면(관심물건 선택)

③ 최적설계안 시뮬레이션 초기화면 〉 분석

해당 토지를 선택한 후 좌측 '분석' 메뉴에 가면 인공지능이 최적의 설계안을 시뮬레이션해준다. 용적률, 건폐율, 최대 층수, 일조사선, 도로폭 판별, 건축선 후퇴, 대지안 공지 및 경사도를 반영해 실시간으로 산출된 결과이다

일조사선은 주거지역에서 일조권 보호를 위해 일조권 사선제한을 받는 것을 건물에 반영한 것을 말하는데, 내 건물로 인해 옆집이 햇빛을 못 받으면 안되는 규정이 있어 포함되었다. 도로폭 판별과 건축선 후퇴는 보행 및 자동차 통행이 가능하도록 건축 설계 시 감안해야 하기 때문에 고려하며, 대지안 공지는 대지 안의 통풍, 개방감, 피난통로를 확보하기 위해 건축물의 각 부분을 이격하여 확보하는 공지를 말한다.

'건축별점'을 보면 전문가 상담을 받기 전 신축 여부를 미리 생각해 볼 수 있으며, '사업성 분석' 메뉴에서 분양과 임대 중 어떤 방식이 유리

한지 판단할 수 있다. 분양 수익은 최근 5년 이내 준공한 인근 주택 시세 혹은 최근 2년 간 거래 데이터를 바탕으로, 임대는 주변 지역 임대료를 반영해 월세 기준으로 산출된다.

'합필' 메뉴는 여러 필지를 합쳐 하나의 건물을 지으려고 할 때 유용하게 사용할 수 있다.

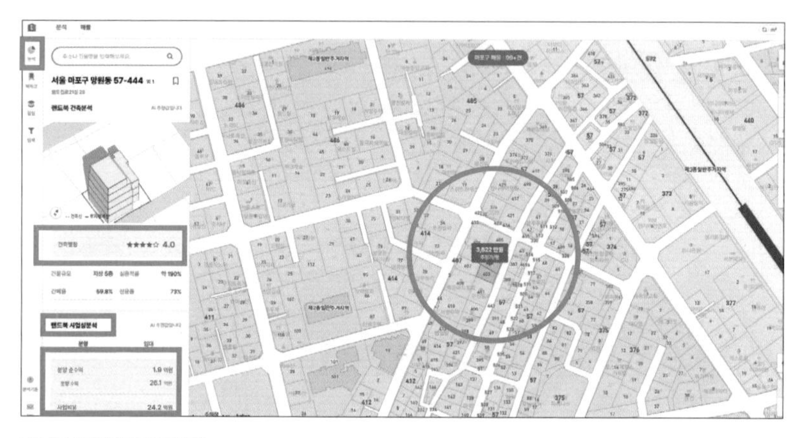

랜드북 건축분석(토지선택)

서울 전체 면적 중, 200평 이하 토지(필지)의 비율은 95%에 이른다. '랜드북'은 이 토지에 대한 데이터에 인공지능 기술을 적용해, 가장 효율적으로 개발하고 토지 가치를 최대화할 수 있도록 해준다.

토 | 막 | 지 | 식

랜드북을 만든 스페이스워크

'랜드북' 서비스를 만든 스페이스워크는 2013년 창업해, 2018년 문화체육관광부로부터 '젊은 건축가상'을 수상했다. 자회사인 '경계 없는 작업실 건축 사무소'를 통해 300여개 이상의 소규모 토지를 매입하고 20여 건의 건물을 지어 높은 수익률을 달성하기도 했다.

토지 가치를 최적화하기 위해 건축, 도시는 물론이고 컴퓨터공학, 금융공학, 경영, 경제, 수학, 물리학 등 기술의 영역부터 웹과 마케팅 등 서비스 영역까지 다양한 분야의 전문가가 모여 팀을 이뤘다. 그리고 경우의 수가 매우 많은 건축설계엔진을 개발하기 위해, 구글 알파고에 적용된 심층강화학습 기술을 적용했다. 이는 인공지능이 스스로 정한 규칙에 따라 자동으로 학습하기 때문에, 패턴을 찾기 어려운 복잡한 문제를 풀 수 있고 확장성이 뛰어난 기술이다.

스페이스워크의 기술력은 2019년 AGIC(Autonomous Greenhouse Challenge, 텐센트 주관) 에서 2위를 차지할 정도로 국제적으로 인정을 받고 있다. 소규모 토지 및 노후건물 거래 시장은 표준화가 쉽지 않은 시장이었지만, 스페이스 워크의 기술에 기반한 랜드북 서비스가 이 시장을 조금씩 표준화하고 있다. 이를 바탕으로, 스페이스워크는 한국토지주택공사(LH), 서울주택도시공사(SH공사), 경기도시공사, 인천도시공사 등 공공기관과 은행 등에 서비스를 제공하고 있다.

안심건축 플랫폼을 활용해 집을 짓는

닥터빌드

토지를 알아보고 집을 지으려면 어디에서부터 해야 할지, 그리고 건축을 하면서 발생할 수 있는 다양한 리스크를 어떻게 해결해야 할지 초보 건축주는 모를 수밖에 없다. 중소형 건물이나 재개발과 재건축은 대형 건설사가 수주하는 사업 영역이기 때문에 분야별로 전문가가 포진해 안전하게 건축물을 완성한다. 하지만 소규모 건축의 경우 안심하고 건축을 하기 위해서는 건축주가 현장 소장이 직접 되어서 관리하는 방법밖에 없다.

닥터빌드는 누구나 안심하고 건축을 할 수 있게 도와주는 건축 플랫폼이다. 처음 집을 지어보면 내가 원하는 목적의 건축물로 설계가 잘된 것인지 판별하는 것부터 믿고 맡길 수 있는 시공사 선택까지 직접 해결해야 할 것들이 많다. 만약 시공사를 잘못 선택하면 공사가 지연되거나 일정을 제대로 관리하지 못해 공사비가 계획보다 더 들어갈 수도 있다. 닥터빌드는 이러한 리스크를 줄여 누구나 안심하고 소규모 건축을 할 수 있게 도와주는 플랫폼이다.

닥터빌드는 건축주가 원하는 건축물 사용 용도에 맞게 전문 설계사를 연결하여 비교 견적을 받을 수 있게 AI 건축사 간편 비교견적 서비스를 제공하고 복수의 건축사를 연결해 설계 계약까지 서비스하고 있다. 그리고 AI 시공 비교견적과 복수의 시공사 미팅을 연결하고 시공계약에서 기성 평가와 품질 평가까지 하고 있다. 건축주 대신 복수의 설계사무소와 시공사의 견적을 비교하여 건축 비용도 절감하고 안심하고 소규모 건축을 할 수 있게 도와주는 O2O 플랫폼이다.

닥터빌드는 AI 다이렉트 집짓기 서비스를 제공하고 있다. 서울 지역 토지면적 500㎡ 이하, 최대 4필지까지 합필하여 건축을 통해 예상되는 건축물의 형태를 CG를 통해 확인해볼 수 있다. 향후 수도권과 주요 대도시로 서비스를 확대해 나갈 예정이다. 4필지 이상과 500㎡ 초과되는 곳은 상담 예약을 통해 진행이 가능하다.

① AI 다이렉트 집짓기 초기화면 〉 AI다이렉트 집짓기 (AI 건축규모 검토, 수지분석)

닥터빌드 홈페이지에 로그인을 하고 기능을 사용할 수 있다.

토지 주소나 건물명을 입력하거나 지도에서 직접 원하는 위치를 선택하여 다이렉트 집짓기를 할 수 있다. 서울의 500㎡ 이하의 주거지역인 곳을 서비스하고 있다. 지도에 필지를 클릭을 하게 되면 해당 지역의 부동산 추정가와 함께 토지, 건물 및 현 해당 건축물의 층별 상황이 나오며 추가로 유사 지역 매매사례까지 확인할 수 있다. AI 다이렉트 집 지어보기를 클릭하면 집짓기가 실행된다.

■ AI다이렉트 집짓기

닥터빌드 사업영역

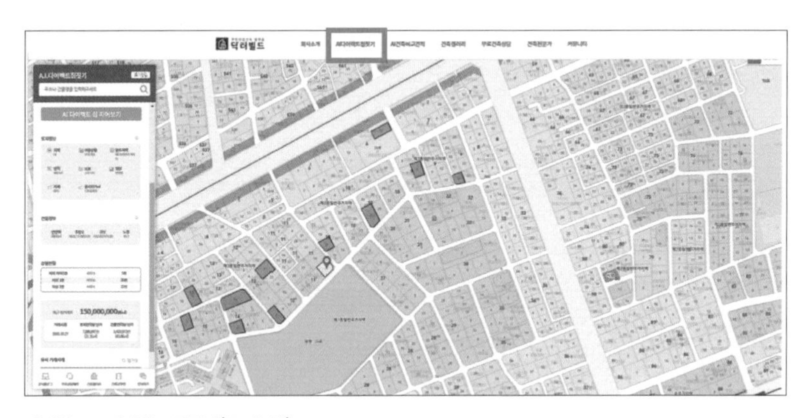

닥터빌드 AI다이렉트 집짓기(토지선택)

AI 다이렉트 집 짓기를 클릭하면 해당 토지의 용도지역에 용적율과 건폐율을 감안하여 건축규모, 실제사용 용적율, 예상 연면적, 예상 시공면적을 건축법을 반영하여 빅데이터 기반 AI가 집을 완성하여 보여준다. 토지이용계획도 확인할 수 있게 링크가 되어 있어 편리하다. 건축물은 3D화면으로 모든 방향에서 미리보기가 가능하다. 그리고 비슷한 평수 사례의 건물과 비슷한 유형 사례로 비교해서 볼 수 있다. 자제스펙 선택/변경을 클릭하고 건축 외장재, 내장재 그리고 인테리어까지 반영하여 저장하면 완성본 보기까지 가능하다. 또한 AI 간편 사업비를 통해 건축비, 철거 비용, 설계비용, 감리비용 그리고 용역비를 포함한 사업비를 계산해서 볼 수 있다. 간편 수지 분석을 통해 분양 순수익과 임대수익을 예상해서 볼 수 있다. 이를 바탕으로 견적도 볼 수 있다.

■ **미리보기**

닥터빌드 AI다이렉트 집짓기(미리보기)

■ 자재 선택/변경

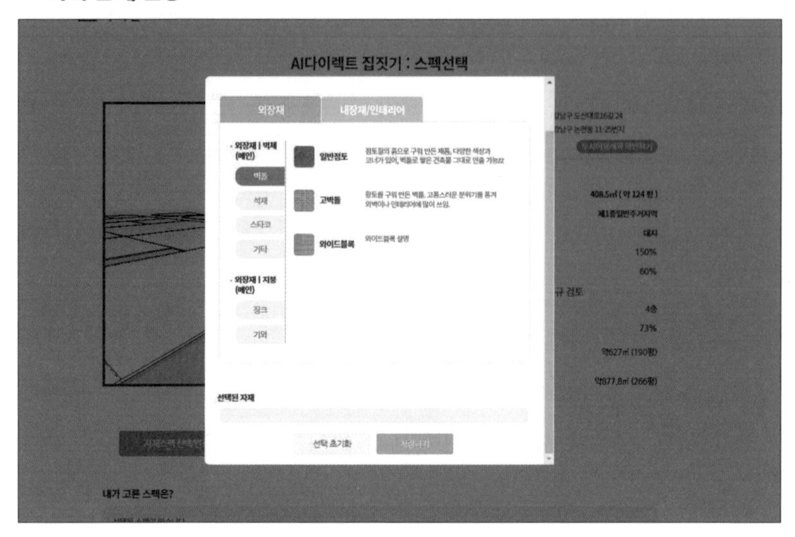

닥터빌드 AI다이렉트집짓기(스펙선택 〉 외장재)

■ 완성본 보기

닥터빌드 AI다이렉트 집짓기(완성본 보기)

■ 사업비 계산

A.I 간편 사업비 계산

항목	내용	금액
건축비 (부가가치세 제외)	총 공사면적(예정) x 선택한 자재 레벨	1,516,200,000 ~ 1,675,800,000
철거/분담금	기존 건축물의 면적 * 300~400만원	22,050,000 원 ~25,200,000 원
설계비	15만~18만원 / 시공면적	39,830,175원~47,796,210원
감리비	철거감리비 1식 *공사면적과 허가,심의 대상에 따라 달라질 수 있습니다.	500만원~1500만원
	건축감리비 1식 *건축사협회 감리비 산정 요율에 따릅니다. 최하 :200만원	1,867만원~2,017만원
	구조감리비 1식 *3층 이상 필로티 형식의 건물만 해당됩니다.	300만원~500만원
	설계의도구현비용 1식 * 공사 면적에 따라 실제와 상이 할 수 있습니다.	300만~500만
기타용역비	건축비의 1.5% 산정	23,940,000원~5,985,000원
광고홍보/제세공과금/금융비용/기타비용	건축비의 평균 20% ~ 25% 수준으로 가정합니다. *단 토지의 매입, 소유여부 및 기존 부채금액 및 기타 사항에 따라 달라질 수 있습니다.	319,200,000원~399,000,000원

합계 20억6666만~22억8421만

닥터빌드 AI다이렉트 집짓기(사업비 계산)

■ 수지분석

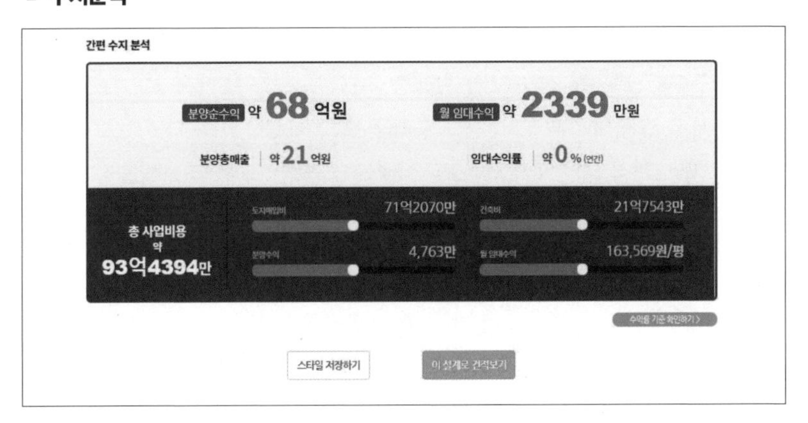

닥터빌드 AI다이렉트 집짓기(수지분석)

② AI 건축 비교 견적 서비스

초기화면 〉 AI다이렉트집짓기 (설계, 시공사 맞춤형 추천 알고리즘)

AI 다이렉트 집짓기를 통해 건축 규모와 사업성을 확인한 다음, 좀 더 자세한 결과를 얻기 위해 설계계획안과 설계 견적을 플랫폼에 요청하면 가격, 위치, 평점, 포트폴리오 등 9가지 이상의 내외부 평가 기준을 통해 건축사를 비교하고 추천해준다.

추천 건축사를 선택하면 직접 만나 요구사항을 이야기하고 원하는 설계안을 함께 작성할 수 있다. 이후 시공사 선정을 위한 비교견적도 동일한 프로세스로 맞춤형 알고리즘을 통해 합리적으로 할 수 있으며 웹사이트에서 계약까지 진행할 수 있다.

신청방법은 다음과 같다.

① 화면에서 건축하고자 하는 건물 유형을 선택 후 정보를 입력한다. 건물 유형은 다가구주택, 단독주택, 상업용건물, 빌라 중 고른다.
② 필지 주소와 신축 여부와 사용용도 및 희망 건축 시기 등을 입력한다.
③ 닥터빌드가 검증한 건축사 사무소를 추천해주면 원하는 곳에 견적 신청을 한다.업체 선택은 일반적으로 실적과 업력을 기준으로 하면 좋다.

■ AI건축 비교견적

닥터빌드 AI건축 비교견적

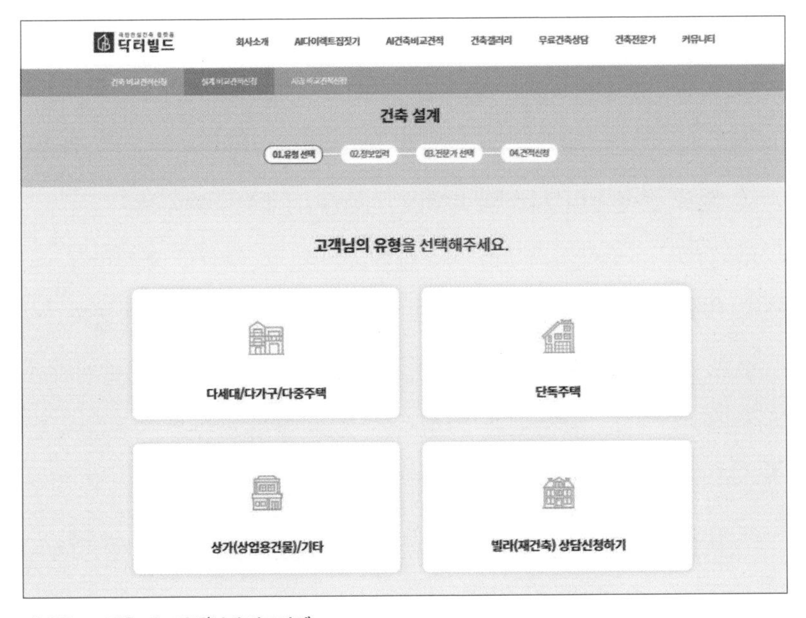

닥터빌드 AI건축 비교견적(설계 비교견적)

닥터빌드 AI건축 비교견적(설계 비교견적 〉 정보입력)

③ 셀프 건축관리 시스템 초기화면 〉 마이페이지 〉 셀프건축관리시스템

닥터빌드는 웹사이트에서 시공사를 선정하고, 계약을 진행하고, 스스로 시공관리를 진행할 수 있는 셀프 건축관리 시스템을 제공한다.

셀프 건축관리 시스템은 건축주, 건축사, 시공사 등의 공사관계자들과의 소통과 기록, 공사보고, 기성평가, 공사 가이드 등을 이용하여 건축주의 공사관리를 도와주며, 기성률과 공정률을 분석하여 기성 집행액의 위험도를 평가하고, 필요시 별도의 전문가를 추가로 신청하여 감리 서비스를 제공받을 수 있다.

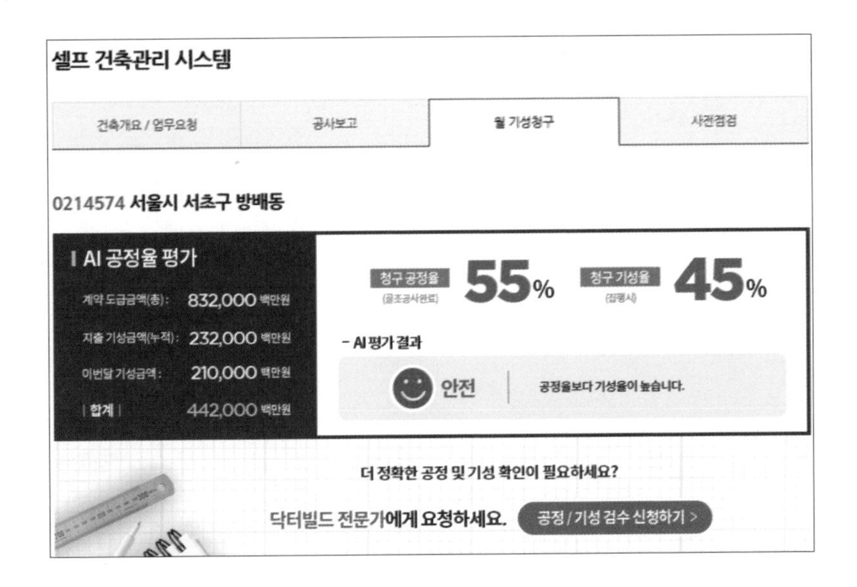
셀프 건축관리 시스템
건축개요 / 업무요청
공사보고
월 기성청구
사전점검
0214574 서울시 서초구 방배동
AI 공정율 평가
계약 도급금액(총): 832,000 백만원
지출 기성금액(누적): 232,000 백만원
이번달 기성금액: 210,000 백만원
합계 442,000 백만원
청구 공정율
55%
청구 기성율
45%
- AI 평가 결과
안전
공정율보다 기성율이 높습니다.
더 정확한 공정 및 기성 확인이 필요하세요?
닥터빌드 전문가에게 요청하세요.
공정 / 기성 검수 신청하기 >

셀프 건축관리 시스템
건축개요 / 업무요청
공사보고
월 기성청구
사전점검
0214574 서울시 서초구 방배동
구분 설계계약일 건축사 허가접수 예정일 최종납품 예정일
설계 2020.10.10 건축사 업체명 [전화걸기] 2020.10.10 2020.10.10
구분 시공계약일 시공사 도급계약금액 착공(예정)일 사용승인(예정)일
시공 2020.10.10 건축사 업체명 [전화걸기] 0원 2020.10.10 2020.10.10
관련 서류 모아보기
구분
검색어를 입력하세요.
글쓰기
전체
건축 가이드
관련서류
건축주/상호 요청사항
No. 구분 제목 작성자 등록일
1 [관련서류] 계약이행 보증증권 업로드 김ㅇㅇ 2020.10.10
2 [관련서류] 계약이행 보증증권 업로드 건축사 2020.10.10
3 [관련서류] 계약이행 보증증권 업로드 건축사 2020.10.10

④ 건축 교육을 통한 사고 방지 및 투자 네트워크 조성

건축주대학 초기화면 〉 무료건축상담 〉 건축주대학

닥터빌드에서 놓치지 말아야 할 유용한 서비스 중 하나가 건축주대학이다.

내 땅에 어떻게 건축을 하면 좋을지 고민하는 사람들에게 꼭 알아야 할 실무 위주의 교육을 진행하며, 같은 관심을 가진 사람들이 모일 수 있는 기회를 마련해준다.

그뿐만 아니라 건축 시작 전 규모 검토, 사업성 분석 등 성공적으로 건물을 지을 수 있도록 다양한 프로그램을 함께 운영하고 있다.

닥터빌드 건축주대학은 건축주 여러분의 미래를 생각합니다.

닥터빌드 건축주대학 교육목적		닥터빌드 건축주대학 수료생 수익구도 시스템
수익성 있는 토지 판별 능력 함양을 위주로하는 실전 교육	⊕	교육 수료 후 기수별 모임을 통한 평생 동지화

STEP 1

수료생 각자 수익성 있는
토지를 1차 물색

STEP 2

닥터빌드에서 수익
타당성 분석

STEP 3

수료생 각자 명의로
부지 매입 및 신축

STEP 4

수료생 희망 시 닥터빌드에서
자금 대여 및 투자,
건축관리 및 분양/광고 진행

건축현장답사

수료식행사

건축주대학 골프모임

식사간담회

토 | 막 | 지 | 식

닥터빌드의 탄생, 계획

닥터빌드는 원래 종합건설과 소규모주택건축사업을 시행을 하는 업체다. 더불어서 가로주택정비사업을 비롯한 소규모주택정비사업(PM과 정비사업)을 주업무로 하고 있다. 그런데 건축에 문외한인 일반 건축주들이 소규모 주택건축사업을 진행하다가 부도가 나거나 큰 피해를 입는 경우를 많이 지켜보게 되었다. 닥터빌드 역시 다른 소규모 건설사에게 외주공사를 의뢰하였다가 그 업체의 계약위반 등으로 큰 피해를 입은 바 있었다.

이에 소규모 건설사업에서는 여러 가지 종류의 리스크가 많다는 것을 새롭게 느끼게 되었고 '이제 집짓다가 10년 늙지 말자'는 취지에서 국민안심건축플랫폼 '닥터빌드'를 10년 전부터 기획해 4년 전 오픈했다. 즉 소규모 건설사업에서 발생할 수 있는 각종의 리스크 유형과 위험도를 정리하고 이를 효율적으로 막는 시스템을 개발한 것이다. 수지 분석 오류를 예방하기 위한 시스템, 기성율 평가와 품질 검수를 할 수 있는 시스템, 건축과 관련된 각종의 서류를 빠짐없이 챙겨주는 시스템, 건축주 주변의 건축 환경에 가장 적합한 건축사와 건설사를 각종의 지표에 의거하여 추천하는 시스템 등을 갖추게 되었고 앞으로도 지속적인 투자를 통해 사이트를 업그레이드 할 예정이다.

닥터빌드는 어떠한 수익모델을 가지고 사업을 시작한 것이 아니다. 오로지 이 땅에 더 이상 건설 사기꾼들이 활개를 치지 못하도록 하겠다는 그야말로 독립운동을 하는 마음으로 시스템 개발을 시작한 것이다. 소규모건축현장에 기생하는 건설 사기꾼들의 세계를 가장 잘 아는 닥터빌드만이 리스크 예방시스템을 가장 효율적으로 구축할 수 있을 것이기에 닥터빌드는 앞으로도 계속 플랫폼을 진화시켜 나아갈 계획이다. 그리고 이제는 개발금융, 건설, 자재 등 여러 가지 사업모델이 보이기 시작했고 이를 체계화하는 시스템 개발관련 제휴업체 확보에 주력할 계획이다.

하루 30분 부동산 투자

Part4

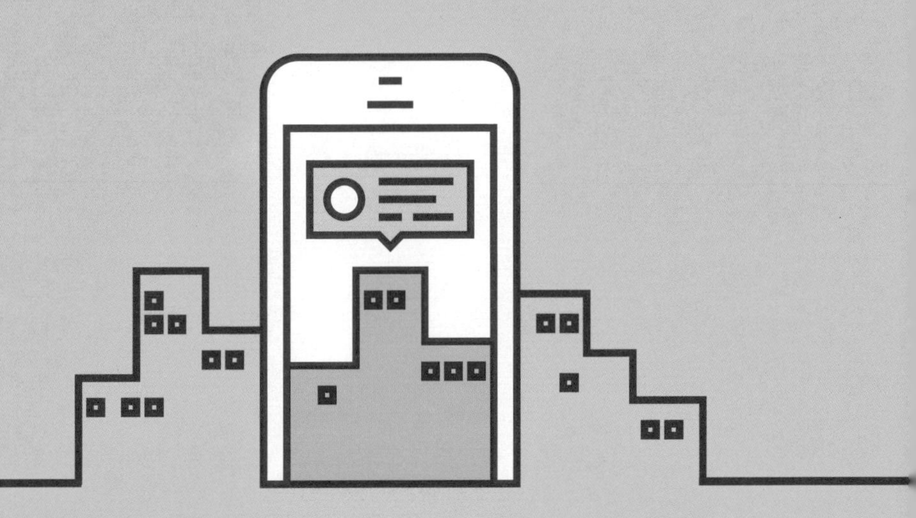

프롭테크로 시작하는 부동산 소액투자

유성 이제 겨우 내가 살 집 마련하는 데 도움이 되는 방법을 찾은 것 같네요. 그런데 당장 내가 살고 싶은 주택 수준이 아닌 부동산 투자는 큰돈 드는 일이라 쉽지 않을 것 같아요.

창욱 집을 여러 채 가지면 세금도 많이 내야 하니 부동산 투자는 이제 옛날 이야기가 아닌가 싶네요.

용택 잠깐, 요즘은 부동산에 투자할 수 있는 새로운 방법이 생겼답니다. 꼭 집이 아니더라도 건물에 투자할 수도 있고요.

유성 그래요? 그래도 집보다는 건물에 훨씬 큰돈이 들어가지 않을까요?

창욱 내 집 마련도 보통 일이 아닌데… 어떤 방법인지 궁금합니다.

용택 금융기술, 다시 말해 핀테크가 발달한 덕분에 예전에는 개인이 접하기 어려웠던 부동산 상품에도 쉽게 투자할 수 있게 됐어요. 간접투자 방법도 다양하고요.

유성 내 집 마련도 기술 발달 덕분에 쉬워졌는데 투자에도 새로운 시대가 열리게 됐군요.

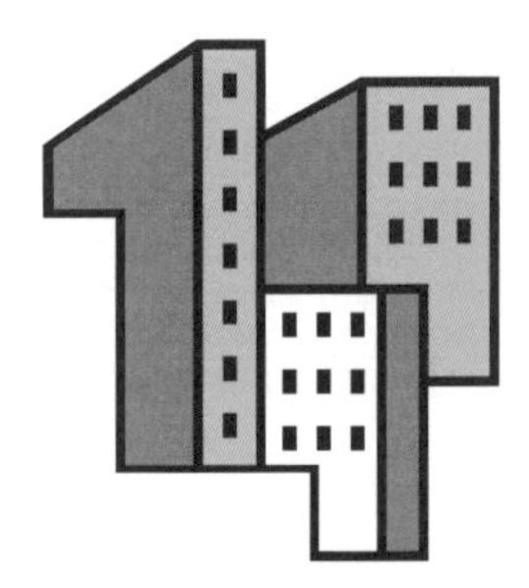

온라인으로 부동산에 투자하는 방법

온라인 상에서 다수의 개인들이 부동산에 투자할 수 있는 '크라우드 펀딩'이 생겨난 지도 벌써 6~7년 가까이 지났다. 이미 P2P 플랫폼으로 투자를 경험한 사람도 있을 것이고, 소액 지분투자로 강남 부동산에 투자한 사람도 있을 것이다. 그러나 아직 대부분의 투자자는 온라인으로 무엇에 어떻게 투자할 수 있는지 생소하다.

온라인 플랫폼을 통해 부동산에 투자하는 방법은 크게 두 가지다.

① 돈을 '빌려주고' 이자와 원금을 받는 방법

② 돈을 '투자해서' 임대수익과 몇 년 후 매각차익을 얻는 방법

전자는 일명 P2P로 불렸던 대출형 크라우드펀딩으로 '온라인투자연계금융업법'(이하 온투법)에 기반한 투자이고, 후자는 증권형(지분형) 크라우드 펀딩으로 자본시장법의 '온라인소액투자중개업' 라이선스에 기반하고 있다.

물론 두 가지 중 어느 곳에도 법적 기반을 두지 않고, 규제 샌드박스 SANDBOX 안에서 새로운 투자 형태를 만들고 있는 곳도 일부 있다.

P2P Peer to Peer

중앙 서버를 거치지 않고 클라이언트 컴퓨터끼리 직접 통신하는 방식을 통칭한다. 중앙서버 없이 상호 검증을 통해 무결성이 유지되는 방식이므로, 데이터가 변조되거나 해킹에 노출될 가능성이 없다. 따라서 암호화폐나 핀테크 영역에서 광범위하게 채택하고 있다.

규제 샌드박스 Regulatory Sandbox

아이들이 자유롭게 뛰어노는 모래놀이터처럼 신기술, 신산업 분야에서 새로운 제품, 서비스를 내놓을 때 일정기간 또는 일정지역 내에서 기존 규제를 면제 또는 유예 시켜주는 제도이다.

이중, 온라인투자연계금융업에 기반한 기업(이하 온투업자)이 만들어 내는 투자 상품은 아래와 같은 특징이 있다.

① 개인투자자들의 푼돈을 모아, 돈을 필요로 하는 사람이나 기업에게 목돈을 대출해준다. 따라서, 온투업자는 나 대신 대출해주고 이자를 받아 나에게 배당해준다.

② 최소 1만 원부터 최대 500만 원까지 한 번에 투자가 가능하다. 적은 돈이라도 계속 쪼개서 넣을 수 있기 때문에 어느덧 푼돈이 목돈이 되어 가는 재미를 느낄 수 있다.

③ 짧게는 몇 일에서 몇 개월, 1년 전후까지 만기가 다양하다. 따라서, 몇 주 뒤나 몇 개월 뒤에 쓸 돈이라도 짧게 투자가 가능해, 돈을 은행계좌에서 놀리지 않을 수 있다.

④ 연체율이 약 0.3% 정도밖에 안되지만 6~10%대의 높은 이자를 받을 수 있는 아파트 담보상품도 있고, 부실 위험이 높지만 10~18%대의 이자를 받을 수 있는 부동산PF 같은 상품 등 위험도별로 다양한 상품이 있다. 본인의 성향에 맞춰 선택할 수 있는 상품의 다양성이 매우 크다.

⑤ 전문기관들이 투자하던 영역의 상품들이 많아, 일반 개인들이 각각의 상품별 위험을 다 인식하고 투자하기 어렵다. 따라서, 전문가의 가이드나 신뢰할 만한 업체를 선별하여 투자하는 것이 중요하다.

온투업자들의 상품이 나오기 전, 일반 개인들이 투자할 수 있는 수익형 부동산이란 대개 아파트, 오피스텔, 상가 정도였다. 수익률은 3~6% 정도로 세금과 부동산 수수료를 제하면 은행이자보다 좀 더 높은 수준이었다. 개인 고액자산가들이 PB센터나 WM센터에서 가입할 수 있는 부동산펀드도 국내 5~6%, 해외 6~8%에 투자 기간도 3~5년 정도로 길다.

그 이상 6~20%대의 수익률을 기대할 수 있는 중수익-중위험 시장은 증권사, 캐피탈사, 저축은행, 사모펀드운용사, 대부업자, 개인전문투자자 등을 위한 시장으로 일반인이 접근할 수도, 접근을 시켜주지도 않는 전문 투자시장으로 그들만의 리그였다. (부록2 참고).

하지만 기술의 발전을 통해 폐쇄적이던 이 시장에 대한 일반 개인들의 '쉬운 접근'과 '소액투자'가 가능하게 되었고, 이는 기업들이 독점하던 금융수익을 일반인들이 누릴 수 있게 되었다는 의미가 있다.

다만, 이 시장은 수익만큼 리스크 또한 커서 기업 내부에서도 전문가들이 엄격한 검토와 심사를 거쳐 투자하던 시장이었는데, 초기 온투업자들의 비전문성과 운영 미숙, 도덕불감증으로 위험성에 대한 철저한 검증없이 개인들에게 상품을 마구 판매해 피해자가 생긴 안타까운 경우도 있었다.

그래서 이 장에서는 온라인 투자 상품들 중 개인이 가장 쉽게 접근할 수 있고 소액으로 비교적 안전하게 투자할 수 있는 온투업자들의 상품과 특징, 그리고 현재까지의 실적에 대해 간단히 소개하려고 한다.

2021년 9월 말 현재 금융위원회로부터 허가받은 온투업자는 36개사로 아래와 같다. 이전에는 토스나 카카오페이 같은 플랫폼을 통해서도 온라인 연계투자가 가능했으나, 지금은 각사 홈페이지나 앱을 통해서만 투자할 수 있다.

온라인 연계투자의 대상은 부동산 관련 외 개인신용, 매출채권, 동산담보, 태양광PF, 소상공인대출, 비상장주식담보 등 다양하지만 이 책에서는 부동산 상품에 한정하여 다루기로 한다.

■ **온라인 투자연계 금융업자 명단('21.9.29 기준)**

온라인투자연계금융업자로 등록한 33개사 명단 (9월 29일 기준)

(가나다 순)

㈜나모펀딩운용대부	나이스비즈니스플랫폼㈜	㈜누리펀딩
㈜다온핀테크	더줌자산관리㈜	㈜데일리펀딩
㈜레드로켓	㈜렌딧	㈜론포인트
㈜루트에너지	㈜리딩플러스	㈜모우다
㈜미라클핀테크	베네핏소셜㈜	㈜브이핀테크
㈜비드펀딩	㈜비에프펀드	㈜비플러스
㈜어니스트펀드	㈜에이치엔씨핀테크	㈜에잇퍼센트
㈜오션펀딩	㈜오아시스펀딩	㈜와이펀드
㈜위펀딩	㈜윙크스톤파트너스	㈜투게더앱스
㈜펀다	㈜펀딩119	㈜프로핏
㈜피플펀드컴퍼니	㈜한국어음중개	㈜헬로핀테크

더 자세한 내용은 금융소비자정보포털 파인(fine.fss.or.kr) - 금융회사 - 제도권 금융회사 - 온라인투자연계 금융'에서 조회 가능합니다.

금융위원회

참고로, '온라인투자연계금융협회' 홈페이지에 가면 모든 온투업자 홈페이지로 바로 들어갈 수 있으니 아래 주소를 참고하기 바란다.

■ **온라인투자연계금융협회 홈페이지 mla.or.kr**

아파트담보 상품의 대표주자 투게더펀딩

투게더펀딩은 아파트담보 상품이 주력이며, 영업조직이나 채권 규모, 관리측면에서 아파트담보 상품의 명가로 불릴 만하다.

아파트담보 상품은 연체가 발생할 가능성이 매우 낮은 특성이 있기 때문에 어느 온투업자의 상품을 선택해도 투자 위험은 큰 차이가 없지만, 상품을 판매하는 회사 자체의 안정성도 고려해야 하기 때문에 가급적 투게더펀딩과 같은 상위 업체를 이용하길 추천한다.

투게더펀딩(앱) 초기화면

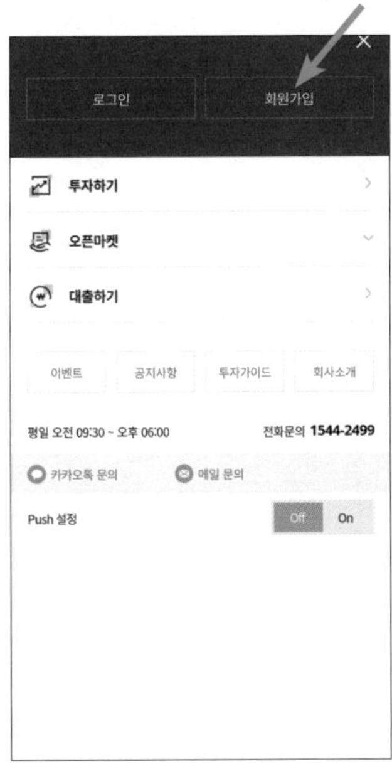

투게더펀딩 가입안내

투게더펀딩 투자상품 찾기

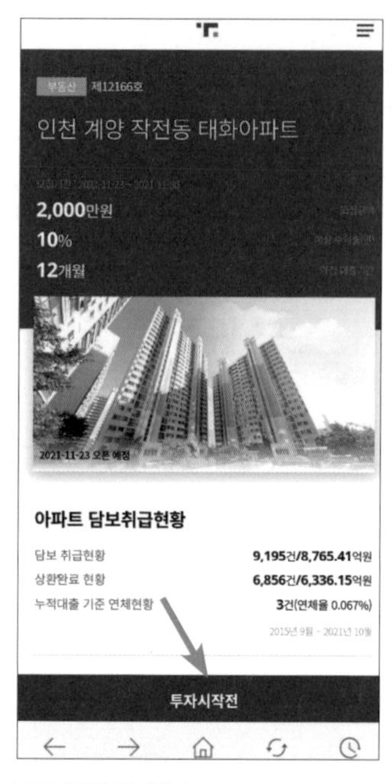

투게더펀딩 투자하기

투게더펀딩은 아파트가 아닌 부동산 개발사업과 관련된 상품도 많이 취급하고 있다. 오른쪽 공시자료에서 PFProject Financing와 ABLAsset Backed Loan 이라고 표시된 상품인데, 초기에는 연체가 발생하기도 했지만, 최근 카카오페이를 통해 판매한 상품에서는 연체가 발생하지 않을 정도로 안정적으로 운영되고 있다. 이는 업력이 쌓이며 내부 심사 시스템이 견고해졌기 때문으로 보인다.

아래 공시자료에서 'CARE' 가 붙은 상품은 아파트담보 상품으로 연체율이 0%인 것을 확인할 수 있다.

IMF나 전쟁 정도의 거시경제 리스크가 발생하지 않는 한, 원금과 이

자손실 가능성이 매우 낮은 상품이니 저축은행 특판예금에 새벽부터 줄서지 말고 온라인으로 편하게 투자해보자.

■ **2021년10월 공시자료**

2021년 10월

	누적 대출액	대출 잔액	연체율	NPL 매각금액	상품수
일반 부동산	1,032,024,220,000원	208,615,823,084원	8.75%	230,000,000원	9,396건
P2PCARE	48,189,500,000원	0원	0%	0원	783건
PF	1,500,000,000원	0원	0%	0원	6건
ABL	25,950,000,000원	3,300,000,000원	0%	0원	30건
GOODCARE	103,046,650,000원	57,616,478,802원	0%	0원	964건
SUPERCARE	14,248,000,000원	14,248,000,000원	0%	0원	91건
동산	4,480,000,000원	392,040,928원	0%	0원	10건
홈쇼핑	4,284,000,000원	955,374,748원	40.52%	0원	22건

투게더펀딩 공시자료

가장 많은 상품군을 취급하는
어니스트펀드

온투업자가 취급할 수 있는 상품군을 거의 다 취급하는, '온투업의 종합금융사'로 부를 수 있으며, 특히 부동산개발 관련 상품을 주력으로 판매한다. 예전에는 타 업체에서도 이 유형의 상품을 판매했지만 부실이 많고 관리 능력이 부족해서 지금은 대부분 철수했다.

■ **회원 가입 화면**

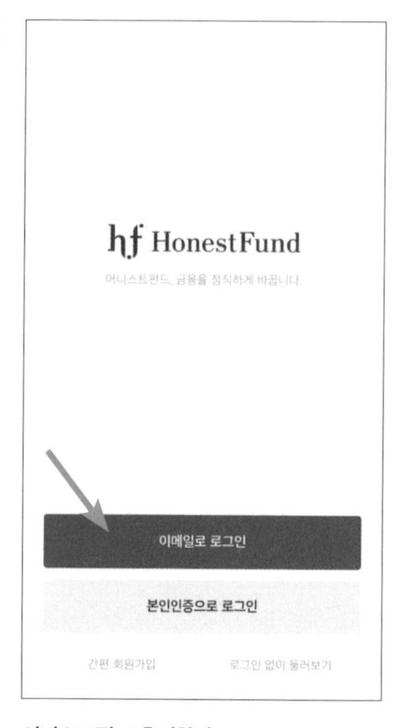

어니스트펀드 초기화면

지금 다시 투자하고
12월 수익을 만들어 보세요
인기 많은 상품부터 살펴볼까요 >
감사 뱃지 공유하면
300만원 페이백!
고객감사 SNS 이벤트
지금 다른 투자자들이
많이 투자하는 상품은?

어니스트펀드 상품 안내

■ **상품 투자 화면**

어니스트펀드 투자 상품 찾기

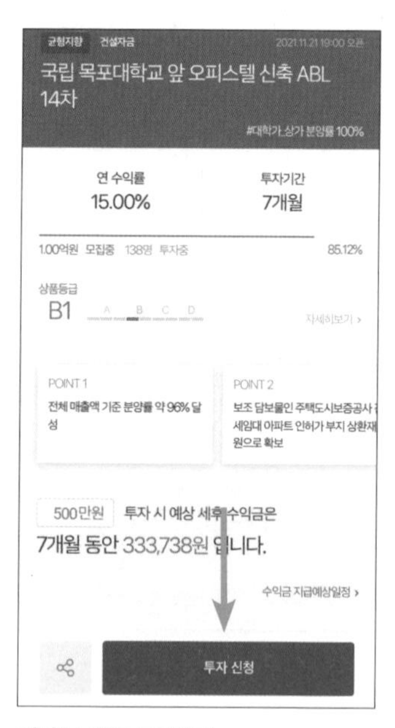

어니스트펀드 투자하기

타 업체와 달리 아직까지 성공적으로 상품을 팔 수 있는 이유는, 초기부터 증권사 등의 제도권 투자기관에서 부동산 금융이나 구조화 금융을 한 전문인력들이 부동산PF 상품을 만들었기 때문으로 보인다.

물론, 연체율이나 일부 상품의 손실률이 아직도 부족한 부분이 있지만, 온투업자로 전환하면서 내부 심사체계와 전문성이 강화되고 전문인력이 보강되어 사업 초기에 비해 이러한 지표들이 지속적으로 개선되고 있다. 향후가 더욱 기대되는 업체다.

■ 2021년 10월 공시자료

기준일자 2021.10.31

분류	세부 상품 구분	누적연계대출금액	연계대출잔액	평균금리	연체채권잔액	연체율	손실률**
어음·매출채권 담보	SCF 등 어음·매출채권 담보	281,253,180,000	7,200,000,000	6.15%	-	0.00%	0.00%
부동산PF	중대형PF	421,875,830,000	58,881,866,908	14.05%	5,417,323,251	9.20%	1.06%
	소형PF	76,000,000,000	3,368,146,751		834,190,751	24.77%	2.49%
부동산담보	개인부동산담보	149,310,000,000	9,391,000,000	10.69%	-	0.00%	0.00%
	법인부동산담보	96,200,000,000	1,620,000,000		1,620,000,000	100.00%	1.75%
	NPL	18,860,000,000	1,543,656,672		1,543,656,672	100.00%	0.00%
개인신용	개인신용	51,099,500,000	6,437,000	12.21%	6,437,000	100.00%	8.18%
법인신용	홈쇼핑	12,321,000,000	299,554,401	7.31%	299,554,401	100.00%	7.87%
	일반 법인신용	10,250,000,000	4,500,000,000		-	0.00%	14.15%
기타담보	동산담보	1,660,000,000	398,580,781	11.00%	398,580,781	100.00%	7.90%
	합계	1,118,829,510,000	87,209,242,513	12.53%	10,119,742,856	11.60%	1.32%

어니스트펀드 공시자료

개인신용 채권을 안정적으로 취급하는
피플펀드

온투업의 이전 이름인 P2P금융의 출발점은 개인과 개인의 연결이다. 이 점에서 P2P의 원래 성격에 가장 맞는 상품은 '개인신용 채권'이라

고 할 수 있으며, 피플펀드는 이 개인신용채권을 가장 안정적으로 판매하고 관리했던 업체다. 개인신용 채권 외에 아파트담보채권에도 투자가 가능하다.

기존에 개인신용 상품만 판매했던 타 개인신용 전문업체들과 비교해볼 때 보다 안정적인 운용성과를 보여주고 있다. 필자의 판단으로는 피플펀드가 은행과 연계해 구축한 개인신용평가모형CSS : Credit Scoring System이 더 정교한 모델이었기 때문인 것으로 보인다.

초기에는 부동산PF가 성장의 큰 축을 담당했으나 부실률과 연체율이 높아지면서 2019년부터 관련 상품을 더 이상 취급하지 않고 있다.

■ 회원 가입화면

피플펀드 초기화면

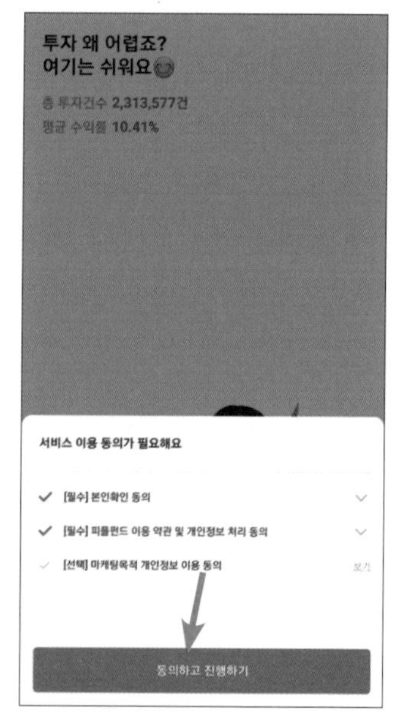

피플펀드 회원가입

■ 상품 투자 화면

피플펀드 투자 상품 찾기

피플펀드 투자하기

■ 2021년 10월 공시자료

(단위 : 원, %)

구분	누적 연계대출금액	연계대출잔액1)	평균금리	연체채권잔액2)	연체율3)
부동산PF	163,731,885,434	1,800,000,000	16.89%	1,400,000,000	77.78%
부동산담보	376,860,752,054	104,435,472,836	9.21%	740,145,239	0.71%
기타담보 (어음 · 매출채권 담보 제외)	356,891,596,000	8,258,000,000	13.00%	0	0.00%
어음 · 매출 채권담보	76,944,700,000	0	0.00%	0	-
개인 신용	192,208,000,000	43,949,863,289	10.90%	1,118,459,312	2.54%
법인 신용	0	0	0.00%	0	-
합계	**1,166,636,933,488**	**158,443,336,125**	**10.01%**	**3,258,604,551**	**2.06%**

피플펀드 공시자료

안정적인 상품관리의 대표주자

헬로펀딩

헬로펀딩은 선두권 온투업자들이 성장에 집중하여 초기부터 누적대출 규모를 키우고 있을 때에도, 안정적인 상품 관리에 더 집중하여 오랜 기간 연체없이 시장의 신뢰를 받아온 업체다.

■ 회원 가입화면

헬로펀드 초기화면(2021.11월 현재 앱의 개편으로 홈페이지에서만 투자 가능하다)

■ 상품 투자 화면

헬로펀드 투자 상품 찾기

헬로펀드 투자하기

아래 공시자료의 기준일 2021년 10월 현황에는 부동산PF에서 약 15%의 연체율이 기록되어 있는데, 헬로펀딩의 까다로운 내부 심의기구를 통과한 사업이므로 얼마 간의 연체 이후에는 원금손실 없이 회수될 것으로 예상해본다. 투자심의 시 연체가 발생할 수 있는 각종 상황별 대응방법과 회수방안을 세워 놓기 때문이다.

앞의 몇몇 사례에서 보듯이 부동산PF 상품군은 언제든지 연체가 발생할 수 있다. 하지만 평소 업체가 해당 상품군을 엄격하게 심의했던 곳이라면, 다소의 연체 기간을 거치더라도 투자금이 회수될 가능성이 높으며, 이런 사례를 가장 잘 보여주는 업체가 헬로펀딩이다.

■ 2021년 10월 공시자료

유형별 투자현황 (월별 2021-10)

상품 유형	누적 대출금액 (원)	누적 상환금액 (원)	대출잔액 (원)	연체율 (%)	연체건수 (건)	채권 매각 (건)
부동산 PF	169,457,500,000	160,375,499,896	9,082,000,104	15.42	1	0
주택 담보	119,285,200,000	108,922,199,524	10,363,000,476	0.00	0	0
매출채권	351,875,320,000	347,986,740,000	3,888,580,000	0.00	0	0
동산	6,740,000,000	6,740,000,000	0	0.00	0	0
합계	647,358,020,000	624,024,439,420	23,333,580,580	6.00	1	0

헬로펀드 공시자료

이상으로 대표적인 상위 온투업자들과 투자하는 방법, 현재 연체율 현황 등을 소개했다.

업체마다 주력 상품과 취급하는 상품군의 차이가 있기 때문에, 모든 업체의 앱을 설치하고 투자하는 것이 투자자들에게는 여간 불편한 일이 아닐 수 없다.

이러한 부분을 보완해 다양한 업체들과 제휴하고, 엄격한 광고 기준을 적용해 투자자의 편익과 수익을 높여줬던 플랫폼의 대표주자로 카카오페이 사례를 소개한다.

현재 금융위원회 권고에 따라 서비스를 중단하고 있으나, 카카오페이는 원금상환 100%, 부실률 0%를 기록했던 투자 서비스로 많은 관심을 받았다.

가장 쉽고 안전한 온라인 연계투자 방법

카카오페이

pay

다양한 온라인 연계투자 상품을 일일이 비교하고 투자 결정을 하는 것은 쉬운 일이 아니다. 저마다의 장단점이 있고, 수익성과 안정성도 천차만별인데 개인이 보고 판단하기는 어렵다.

카카오페이는 온라인 투자업체와 연계하여 이런 복잡한 과정을 단순하게 만들고, 안정성이 높은 상품을 선별하여 개인이 안심하고 쉽게 이용하도록 하는 서비스를 제공했었다.

카카오페이 투자서비스를 통해 온라인투자 연계금융 상품에 투자했던 방법은 아래와 같이 카카오톡 앱 또는 카카오페이 앱을 이용하는 것이었다. 지금은 온투업 상품을 중단하고 펀드상품만 있지만, 투자서비스 화면은 이전과 동일하다. 아래의 이미지는 중단 전 온투업 상품 판매 사례이다.

① 카카오톡 앱에서 들어가기

② 카카오페이 앱에서 들어가기

카카오페이 들어가기(카카오톡)

카카오페이 투자 메뉴(카카오톡)

카카오페이 투자 메뉴(카카오페이 앱)

③ 투자서비스 메인 화면 (카카오톡, 카카오페이 동일)

④ 상품투자 및 완료 후 투자 현황

카카오페이 온라인 연계투자

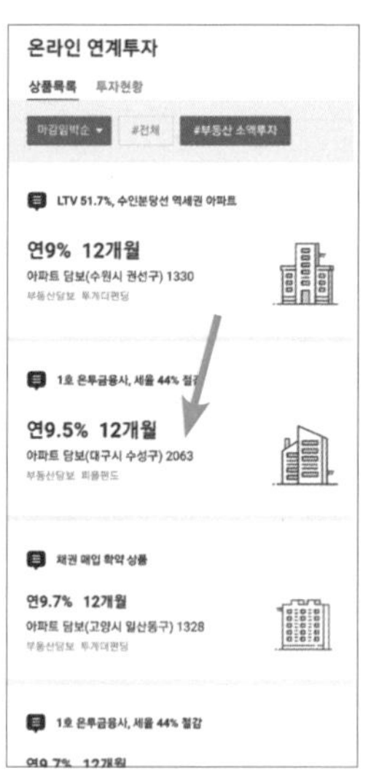

상품목록(온라인 연계투자)

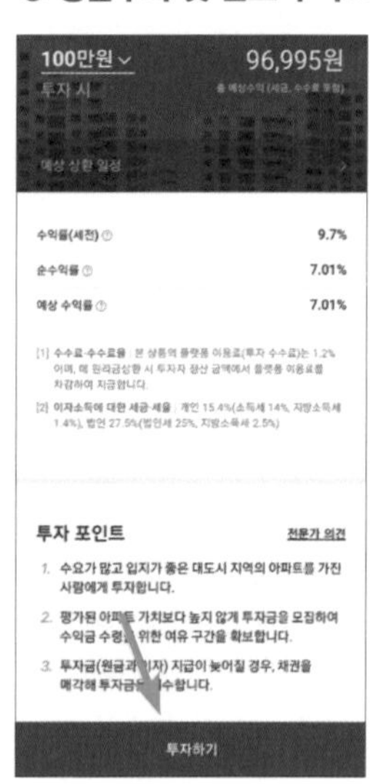

온라인 연계투자하기

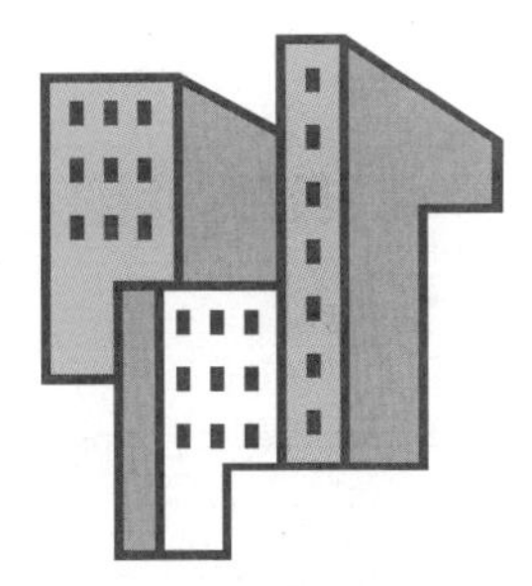

커피 한 잔 값으로 이루는 건물주의 꿈

주식처럼 건물에 투자하는 방법

최근 주식시장에서는 부동산을 기초자산으로 하는 리츠 상품이 인기다. 오피스 빌딩이나 물류센터, 주유소, 호텔 등 다양한 부동산을 주식처럼 사고 팔거나 배당도 받을 수 있게 됐다.

하지만 금융 상품이 가지는 한계도 존재한다. 공모 절차가 복잡하기 때문에 상장을 준비하는 기간이 길고, 규모가 크기 때문에 상품 개수에도 한계가 있다. 즉, 좋은 건물이 나왔을 때 적기에 투자하기에는 적합하지 않다.

여기서는 리츠보다 가벼운 상품이지만 소액으로 건물에 투자할 수 있는 서비스인 '카사'를 소개한다.

빌딩을 주식처럼 사고팔 수 있는
카사

카사는 건물 지분을 주식처럼 만들어 소액으로 건물에 투자하는 서비스를 제공한다. 일반적으로 부동산을 거래할 때는 취득세, 양도세, 수수료 등 많은 비용이 들고 절차가 복잡하지만, 카사는 모든 비용을 계산해서 댑스DABS, Digital Asset Backed Securities라는 상품으로 만들었다.

댑스는 주식처럼 5,000원 단위로 구성돼 있고, 시세 등락에 따른 차익을 얻을 수도 있고 임대료 수익을 배당금처럼 나누어 받을 수도 있다. 다만 주식시장이 아닌 카사 앱을 통해 거래하는 것만 다르다.

리츠가 1,000억 원이 넘는 대형 부동산 자산을 기초로 한 상품이라면, 카사의 댑스는 20~100억 원 정도의 상대적으로 적은 자산을 기초로 한다.

2021년 10월 4일 기준 투자 가능한 건물은 3채다. 앞으로 다양한 건물이 추가되면 나만의 포트폴리오를 다양하게 구성해 볼 수 있다.

① 내 투자금액과 상품별 시세 확인하기 초기화면

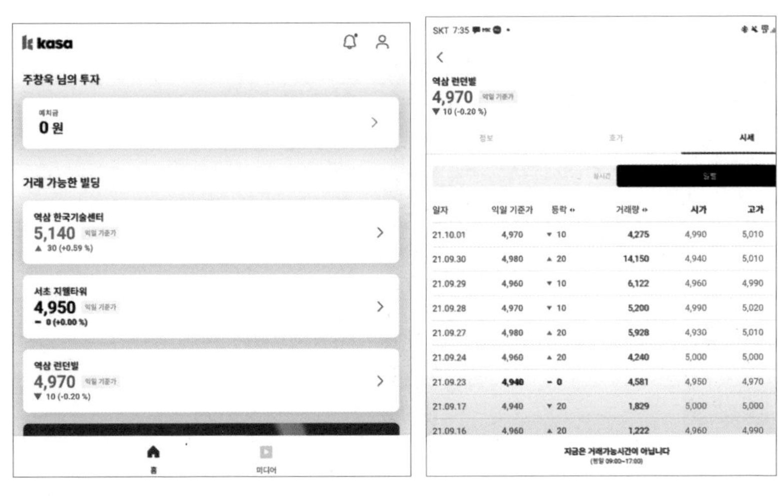

카사 초기화면 카사 시세변동추이

카사 스마트폰 앱으로 확인하면 상장된 상품은 역삼 한국기술센터, 서초 지웰타워 그리고 역삼 런던빌 총 3종목으로 나타난다. 이중 역삼 한국기술센터가 5,140원으로 가장 가격이 높다.

2021년 10월 1일 기준 역삼 런던빌은 익일 기준가는 4,970원, 9월 30일 익일 기준가인 4,980원과 비교하면 10원이 떨어진 것으로 나타난다. 거래량은 4,275댑스였고 장중 최고가는 5,010원이었다.

② 신규상장 상품 정보 확인하기 상장시 공지

카사 상장안내

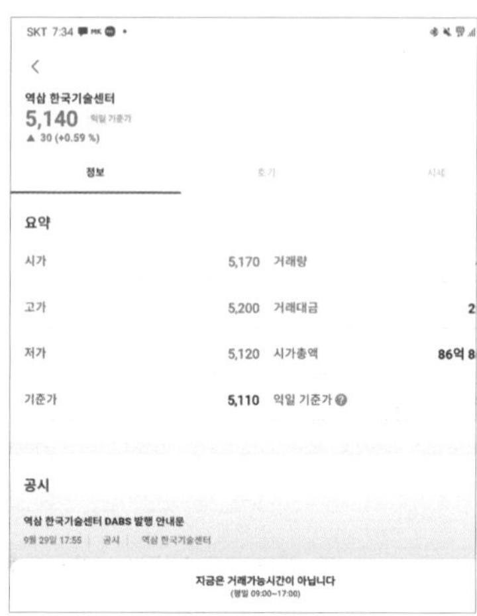

카사 상장상품개요

역삼 한국기술센터 21층은 카사의 3번째 상장 상품으로, 청약 당일에 모두 계약이 체결됐다. 공모 금액은 총 169만 댑스(1댑스 당 5,000원), 84억 5,000만 원이다. 현재 역삼 한국기술센터 21층에는 '한국축산데이터'가 들어와 있고, 총 5년 간의 장기 임대차 계약이 체결되어 있어, 임대료 수익이 안정적일 것으로 예상된다. 9월 30일 상장하였고, 익일 기준가 5,140원 기준 시가총액은 86억 8,600만 원이다.

③ 빌딩에 투자하는 요령

카사의 1호 상품은 서울 강남구 역삼동에 위치한 '역삼 런던빌'(역삼동 797-24번지)이다. 이 빌딩은 3종 일반 주거지역에 지하1층~지상 8층, 연면적 1,935㎡ 규모로, 2019년 10월 완공된 신축 건물이다. 역삼역에서 도보 10여 분 거리의 역세권 입지 빌딩으로, 글로벌 명문 국제학교 PCA코리아가 단독으로 장기 임차해 높은 안정성과 수익성을 기대할 수 있다.

주식을 거래할 때 기업의 정보와 시장 환경을 잘 알아보는 것처럼, 빌딩에 투자할 때도 위와 같이 기본적인 정보와 주변 환경을 분석해야 자신있게 투자할 수 있다. 일반적으로 건물 위치가 지하철역에서 얼마나 가까운지(역세권), 유동인구가 얼마나 많은지가 빌딩 가격을 결정하는 중요한 요소다. 앞으로 주변 지역이 개발될 가능성이 크다면 금상첨화다.

층수나 연면적(모든 층의 바닥 면적을 합친 것)도 고려해볼 요소다. 같은 입지라도 임대할 공간이 많을수록 임대수익을 많이 거둘 수 있어서다. 또 신축 건물일수록 임대료가 높다는 점도 기억하자.

예컨대 스타벅스가 입점했더니 건물 가치가 높아졌다는 이야기를 들어본 적이 있을 것이다. 소위 '스세권'인데, 그만큼 건물에 어떤 임차인이 입주해 있는지도 중요한 요소다. 우량 임차인이 장기계약을 해 공실 가능성이 적을수록 보다 안정적인 투자가 가능하다. 참고로 역삼 런던빌은 이같은 장점을 바탕으로 2020년 11월 총 101억 8,000만 원(댑스 203만 6,000주)을 공모해 완판에 성공했다.

카사 역삼 런던빌 공시지가는 전년 대비 20.36% 이상 상승했다. 서울시 평균 공시지가 상승률 11.54% 및 강남구 평균 상승률 14.1%보다도 높다(2021년 5월 31일 국토교통부 개별공시지가 기준). 역삼 런던빌이 위치한 역삼동 797-24번지의 토지 공시지가 연평균 상승률을 살펴보면, 최근 10년간 평균 5.4%의 안정적인 상승률을 보인다. 현재 공시지가와 10년 전 가격을 비교하면 약 70%의 상승률이다. 추후 빌딩 매각 시 발생하는 시세 차익을 기대할 수 있는 것이다.

오늘부터 투자자

댑스에 관한 궁금증 풀기

댑스Digital Asset Backed Securities**(DABS)**
카사가 매입한 건물을 블록체인을 이용해 디지털 자산으로 만든 것으로, 주식과 같은 수익증권의 명칭이다. 디지털 수익증권의 약자를 따서 DABS라고 한다.

■ 댑스는 안전한 금융상품일까?

카사에서 거래되는 모든 상업용 부동산의 수익증권은 하나은행, KB국민은행, 한국토지신탁, 한국자산신탁, 코람코자산신탁에서 안전하게 관리하고 있다.

또 모든 댑스 거래 기록은 블록체인에 남는다. 이는 카사뿐 아니라 모든 금융기관, 부동산 신탁회사가 공동으로 운영하는 분산원장에 저장된다는 얘기다. 따라서 해킹에서도 안전하다.

카사는 2019년 금융위원회로부터 '디지털 부동산 수익증권 유통 플랫폼' 사업자로 정식 지정됐다. 부동산 유동화 수익증권을 일반 투자자에게 발행 및 유통하는 서비스다. 또 카사를 통해 예치된 투자 예치금은 금융기관 신탁계좌에 안전하게 보관돼 카사가 임의로 사용할 수 없다.

■ 빌딩을 소유하는 데 세금이 나오지 않을까?

댑스는 부동산을 소유하는 개념이 아니라 수익에 대한 권리를 갖는 개념이다. 부동산 매매에 따른 양도세, 취득세, 종합소득세 등 부동산 관련 세금 부담이 없다. 다만 댑스의 양도나 배당에 대한 소득은 증권거래의 일종으로 보기 때문에 소득세 15.4%가 적용된다.

■ 투자 금액에 한도가 있을까?

카사는 금융위원회 권고에 따라 투자자 유형에 따른 한도를 설정해놓았다. 투자 과열을 예방하고 건강한 투자 시장을 조성하자는 취지다. 투자자 유형은 일반투자자, 소득적격투자자 그리고 전문투자자로 분류되며 매년 1월 1일마다 변경 가능하다.

구분	한도	대상
일반투자자	2,000만 원	일반 회원
소득적격투자자	4,000만 원	근로소득 1억 원 초과, 사업소득 1억 원 초과
전문투자자	공모시 공모총액의 5%로 제한	최근 5년 중 1년 이상 금융위원회가 지정한 금융투자 상품의 월말 평균잔고가 5,000만 원 이상

<table>
<tr><th>시간</th><th>kasa</th><th>주식</th></tr>
<tr><td>08:30~08:40</td><td>시간외 거래 없음</td><td>시간외 종가(전일 종가 거래)</td></tr>
<tr><td>09:00~15:30</td><td rowspan="3">정규 거래(09:00~17:00)
*다자간 상대매매 방식</td><td>정규 거래(09:00~15:30)</td></tr>
<tr><td>15:40~16:00</td><td>시간외 종가(당일 종가 거래)</td></tr>
<tr><td>16:00~17:00</td><td rowspan="2">시간외 단일가
(10분 단위 체결, 당일 종가 대비
±10% 가격으로 거래)</td></tr>
<tr><td>17:00~18:00</td><td>시간외 거래 없음</td></tr>
</table>

카사와 주식 비교

■ 거래 시간과 기준은 어떻게 될까?

공휴일을 제외한 영업일 9시부터 17시까지 거래가 가능하다. 매매 수수료는 0.2%다. 주식과 마찬가지로 가격 변동폭이 상한·하한 30%으로 제한된다. 투자원금 손실이 발생할 수도 있고, 당일 미체결된 거래는 장 종료 후 취소된다.

매매 기준가(시초가)는 직전 거래일 거래에 따라 결정된다. 매매 거래가 성립되지 않더라도 즉시 체결 가능한 호가가 제출된 경우에는, 이것이 기준 가격이 된다.

매도 금액은 예치금으로 전환되며, 하나은행에서 출금할 수 있다. 매도 금액을 당일 바로 출금하려면 전일 종가의 105%까지만 가능하고, 다음날 전액을 출금할 수 있다. 2영업일 이후에나 출금 가능한 주식보다는 댑스의 유동성이 더 낫다고 볼 수 있다. 매도 금액이 아닌 단순 예치금은 주식과 마찬가지로 출금 한도에 제한이 없다.

■ **수익률은 얼마나 기대할 수 있을까?**

댑스 매매 수익은 건물 가격에 따라 다르겠지만, 배당 수익은 어느 정도 정해져 있다. 2021년 기준 역삼 런던빌의 경우 공모가 대비 연간 약 3% 수준의 배당을 받는다. 매분기, 직전월 31일 종가 기준 약 1%의 배당을 실시하며 향후 월배당도 검토하고 있다.

또 2021년 역삼 런던빌의 공시지가가 지난해보다 20% 이상 오른 것을 고려하면 빌딩 매각 시 시세차익도 기대할 수 있다. 참고로 같은 기간 서울시 평균 공시지가 상승률은 11.5%, 강남구 평균은 14.1% 다.

미래의 내 집 마련하기 - 간접투자

소자본으로 건물주 되기

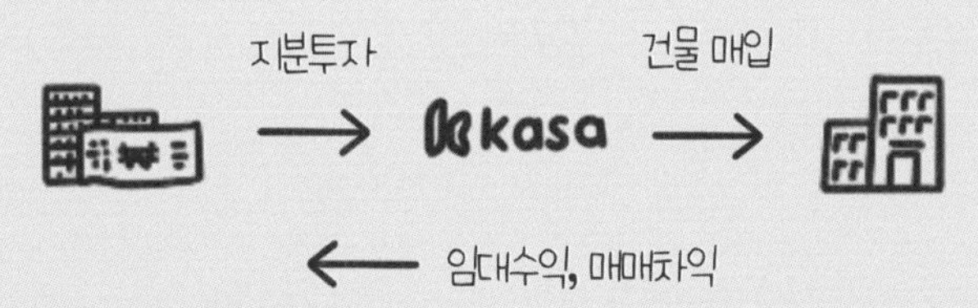

소자본으로 부동산 투자하기(P2P)

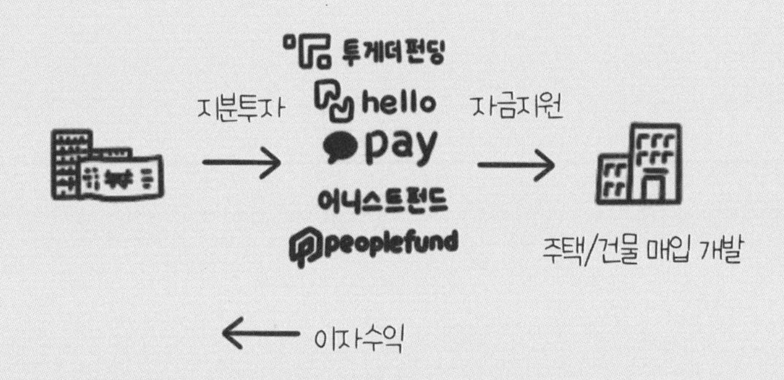

Part5

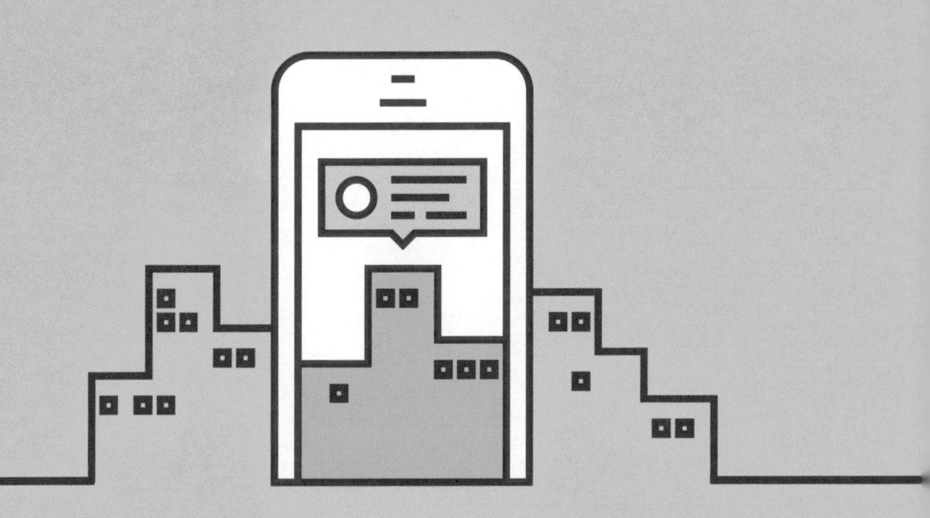

프롭테크?
부동산 + 기술!

창욱

기술의 발전이 부동산 시장을 완전히 뒤바꿔놓고 있군요.

유성

부동산은 변화가 거의 없던 산업인데, 이제 시대가 정말 많이 바뀌었어요.

용택

부동산 산업도 4차 산업혁명의 거센 물결을 거스를 수 없는 거죠.

창욱

이런 변화 속에서 부동산(Property)과 기술(Technology)을 합친 프롭테크(Proptech) 라는 용어도 탄생하게 된 것이죠.

유성

아하, 그럼 부동산 자산에만 투자할 게 아니라 다양한 프롭테크 기업에 투자할 수도 있지 않을까요?

창욱

실제로 미국의 직방이라 할 수 있는 '질로우(Zillow)' 주가는 코로나19 팬데믹 기간에 7배까지 오르기도 했었죠.

용택

대단하네요. 그럼 프롭테크에 대해 좀 더 자세히 알아볼까요?

프롭테크 한 번에 이해하기

※이 장의 내용은 2021년 5월, 저자(주창욱)가 부동산114에 기고한 내용을 바탕으로 하고 있습니다.

> 국내에서도 프롭테크 산업은 가파른 성장세를 보이고 있다. 통계청에 따르면 국내 부동산 중개 애플리케이션 시장규모는 2015년 2조 원으로 추정되며, 부동산 애플리케이션 숫자는 2015년 초 250여 개에서 2016년 말 600개 정도로 늘어났다.
>
> \- 2017년 2월 19일자 조선일보

우리나라에서 '프롭테크'라는 단어가 처음 등장한 것은 2017년 2월 조선일보 기사에서다. 이 기사에서는 스마트폰이나 인터넷을 이용한 부동산 거래, 빅데이터를 활용한 부동산 가치 평가, 부동산 임대 관리, 담보 대출 플랫폼 등을 한데 묶어 프롭테크 서비스로 분류했다.

국내에서는 2013년 이후 프롭테크 스타트업 창업이 꾸준히 이뤄지고 있으며, 2021년까지 123개 기업이 총 38조 7,000억 원가량의 투자를 유치했다. 우리나라 프롭테크 기업의 연간 매출규모는 1조 원을 넘어서고 있다.

국내 대표 부동산 교육기관인 건국대학교 부동산대학원에서도 2019년부터 '글로벌 프롭테크'라는 석사학위 과정을 개설해 관련 인력 육성에 힘을 쏟고 있다.

프롭테크의 영역

다양한 분야 기술이 융합하는 만큼 프롭테크 역시 다양한 기준으로 분류된다. 집을 찾거나, 비대면 임장, 중개, 계약, 인테리어 및 이사 등 주로 주거와 관련하여 생각하는 우리나라와는 달리, 『#프롭테크#Proptech』의 저자이자 영국의 프롭테크 컨설턴트인 리처드 브라운 Richard W. J. Brown은 프롭테크를 다음의 9개 영역으로 구분한다.

① 콘테크(Con-Tech, 건설기술)

건설Construction와 기술Technology의 합성어로 건설 공정을 디지털화해 생산성을 높이는 각종 혁신 기술을 의미한다. 스마트건설이 대두하면서 등장한 신조어다.

벽돌 쌓는 로봇을 만들어 건설 기간을 획기적으로 단축하고 비용을 절감한 호주기업 FBR, 3D 프린터로 주택을 만드는 미국기업 아이콘ICON, 천연소재로 친환경 건축재료를 만드는 영국기업 마드셀Modcell 등이 콘테크 혁신을 이끌고 있다.

② 스마트홈/사물인터넷

스마트홈은 시스템, 자동화 프로세스, 원격제어 기기 등을 가정에서 사용하여, 삶의 질과 편의성을 높이고, 보안을 향상시키며, 에너지 효율을 높이는 것이다.

일반적으로 구글, 삼성, 샤오미 등이 TV, 냉장고, 세탁기, 도어락, 조명 등의 가전제품을 스마트폰과 연결하여 사용하도록 하며 사용 범위가 점점 확대되고 있다. 앞으로 로봇 기술이 발전하면 우리 생활에 더 큰 변화를 일으킬 것으로 예상된다.

③ 빅데이터/인공지능

빅데이터는 기술의 발달에 따라 대용량으로 생성되고 관리되는 데이터를 의미하며, 인공지능은 복잡한 계산을 통해 인간의 의사결정과 유사한 수준의 연산을 수행하는 것을 의미한다.

프롭테크 초기에는 직방, 질로우Zillow, 라이트무브Right Move 등 중개, 임대 데이터 제공 서비스가 중심이었으나, 이제는 인공지능이 가미되어 부동산 거래뿐 아니라 자동화 관리. 투자정보 제공 등 다양한 서비스가 등장하고 있다.

④ 시청각기술(AR/VR)

증강현실AR은 실제 존재하는 현실에 컴퓨터로 만든 가상의 이미지를 합성한 것이며, 가상현실VR은 컴퓨터로 만들어낸 인공적인 현실이다.

직접 방문이 어려운 경우 특수 촬영장비나 드론을 이용해 촬영한 부동산 매물을 가상으로 보는 기술은 점점 일반화되고 있으며, 새로운 건물을 짓거나 리모델링 하는 경우에도 폭넓게 활용될 것으로 기대된다.

⑤ 공유경제

무언가를 소유하지 않고 대여하거나 빌려 쓰는 경제 활동을 공유경제라고 한다. 주택이나 차량 등 고가의 자산을 공유함으로써 자원의 활용도를 높인다는 장점 덕분에 다양한 분야로 확산되고 있다.

에어비앤비AirBnB와 위워크WeWork로 대표되는 부동산 공유경제 기업은 쉐어하우스 우주 등의 주거공유와 패스트파이브, 스파크플러스 등의 사무실 공유, 스페이스 클라우드 등의 다목적 공간공유 서비스에 이르기까지 그 종류와 개수가 점점 늘어나는 추세다.

⑥ 핀테크(금융기술)

금융Finance과 기술Technology의 합성어다. 계산기와 컴퓨터의 탄생이 금융에서 비롯된 것처럼 금융과 기술이 원래부터 밀접한 관계이기는 하지만, 최근 이루어진 급속한 기술 발전이 기존의 금융 서비스를 혁신하고 있어 이를 핀테크라 일컫게 되었다.

네이버와 카카오 등의 IT 기업을 중심으로 한 종합 자산관리 서비스,

앞서 살펴본 P2P 온투업자, 그리고 경제지표 등 각종 데이터를 활용하여 개인이나 기업의 투자 의사결정을 돕는 스타트업 기업들이 핀테크 생태계를 날로 발전시키고 있다.

⑦ 블록체인

블록체인Blockchain은 데이터를 체인 형태의 연결고리에 기반하여 분산된 저장 환경에 보관함으로써 임의수정이 불가능하게 하여 보안성을 높인 기술이다. 정부나 중앙은행 없이 개인 간 거래가 가능하여 암호화폐 거래에 널리 사용된다.

해외에서는 2010년대 중반부터 암호화폐로 집을 거래하는 경우가 종종 있었으며, 다양한 부동산 거래, 임대 플랫폼이 출현하고 있다. 위조방지 기술을 활용하여 앞으로 토지를 등기하거나 부동산 정보를 기록하는 데도 활용될 것으로 예상된다.

⑧ 에드테크

교육Education과 기술Technology의 합성어로, 교육분야에 기술이 접목된 것을 말한다.

부동산 자산은 규모가 크기 때문에 규제와 많고 거래 절차가 복잡하다. 따라서 관련 지식의 전달과 교육이 수월하지 않아 일부 전문가들의 영역으로 남아있었다. 하지만 기술의 발달로 이런 지식이 표준화 규격화되었으며, 블로그나 유투브 등 정보 전달의 통로가 다양해지면서 일반인들의 부동산 시장 참여가 나날이 증가하고 있다.

⑨ 스마트시티

다양한 센서를 통해 수집된 데이터로 자산과 자원을 효율적으로 관리하는 도시를 말한다. 정부에서는 4차 산업혁명 시대의 혁신기술을 활용하여, 시민들의 삶의 질을 높이고, 도시의 지속 가능성을 제고하며, 새로운 산업을 육성하기 위한 플랫폼이라고 정의한다.

대규모 개발의 특성상 세계 각국에서 정부 주도로 이루어지고 있으며, 현재 우리나라의 경우 세종과 부산을 국가 시범도시로 지정하여 교통, 안전, 생활편의, 에너지절감 등 다양한 프로젝트를 추진하고 있다.

■ **프롭테크의 9가지 영역**

★ **참고영상 : 프롭테크, 새로운 부동산**

프롭테크의 시작 – 데이터

프롭테크를 포함한 모든 4차 산업혁명의 시작은 데이터다. 문서와 숫자뿐 아니라 영상과 음성 데이터까지 모두 컴퓨터가 계산할 수 있는 데이터 단위인 '0'과 '1' 두 가지로 표현한다. 기술 발전에 따라 만들어지고 저장되는 데이터양은 점점 늘어나고, 이들 데이터가 서로 연결되며 새로운 가치를 만들어낸다. 데이터 종류와 크기는 우리가 감당하기 어려울 정도로 늘어났고 '거대하다'는 의미를 담아 '빅데이터'로 불리기 시작했다.

이러한 변화에 발맞춰 세계 각국 정부는 보유한 빅데이터(공공데이

■ 국가중점데이터

공공데이터포털(data.go.kr) 국가중점데이터

터)를 민간에 개방해 다양한 곳에 활용되도록 했다. 미국은 2009년, 영국은 2010년부터 공공데이터를 개방했으며, 우리나라에서도 2013년부터 국민 생활과 밀접한 공공데이터를 '국가중점데이터'로 지정해 단계적으로 개발하고 있다.

국가중점데이터 중 부동산과 관련된 정보는 크게 부동산 종합정보(지적정보, 토지정보, 건물정보 등)와 실거래가(아파트, 연립·다세대주택, 단독·다가구주택 등) 두 가지로 나뉜다. 그리고 이렇게 개방된 공공데이터를 활용해 사업모델을 갖춘 다양한 프롭테크 기업이 출현하기 시작했다. 이들 기업이 가공해낸 데이터는 또 다른 종류의 빅데이터가 돼 우리에게 점점 더 많은 편의를 제공하고 있다.

데이터가 개방되고 정보기술IT를 기반으로 한 프롭테크가 발달한 덕분에 부동산 시장의 특징이자 단점이었던 '정보 비대칭' 문제가 해소되기 시작했다. 정보에 접근할 수 있는 소수가 부(富)를 독점하던 시대가 있었지만, 이제는 누구든지 관심을 갖고 공부하기만 하면 다양한 부동산 정보를 활용할 수 있게 된 것이다.

글로벌 프롭테크 현황

프롭테크 기업 디렉터리를 제공하는 유니수Unissu에 따르면 2021년 8월 8일 기준 전 세계 프롭테크 기업은 8,207개다. 이 중 미국2,006개과 영국920개 기업이 전체의 약 35%를 차지하고 있다.

전 세계 프롭테크 기업에 자금을 대는 투자사도 8,536개나 된다. 리서치 기관 CRE테크CREtech에 따르면 2019년 전 세계에서 프롭테크 기업들이 유치한 투자금은 316 억달러(약 36조 원)에 달했다. 2020년 코로나19 확산세 탓에 글로벌 투자유치금액이 238억 달러(약 27조 원)로 25% 가량 축소되기는 했지만, 전 세계적으로 안전과 관련 기술에 대한 관심이 늘어 2021년 이후 다양한 영역에서 프롭테크 기업이 두각을 나타낼 것으로 예상된다.

프롭테크는 2000년대 초반 소위 '닷컴붐' 시기에 미국과 영국 기업을 중심으로 발전했다. 초창기에는 우리나라처럼 질로우Zillow·미국와 라이트무브Rightmove·영국 등 온라인 부동산중개 서비스를 중심으로 시작됐다. 그러다 2008년 탄생한 숙박 공유업체 에어비앤비Airbnb·미국가 공간 활용도를 높이는 서비스를 제공하며 새로운 영역을 개척했고, 최근 핀테크가 발전하며 기존 부동산모기지 상품이 임대·투자의 개념을 바꾸는 다양한 서비스로 진화하고 있다. 건설·개발 영역이야 동서고금을 막론하고 기술 발전과 함께 성장해온 영역이지만, 최근 로봇이나 신소재를 활용한 여러 시도가 이뤄지고 있어 프롭테크 범주에 들게 됐다.

국가마다 차이는 있지만 프롭테크 기업은 미국, 영국의 경우처럼 주로 부동산 중개·임대 사업모델을 중심으로 빠르게 성장하다가, 빅데이터와 인공지능을 기반으로 하는 데이터 사업으로 확장하는 형태를 보인다.

특히 2010년경부터 미국과 영국의 공공데이터가 대거 개발되면서 부동산 정보를 활용한 프롭테크 기업이 빠르게 성장해왔다. 물론 지금

■ 국가별 주요 프롭테크 산업

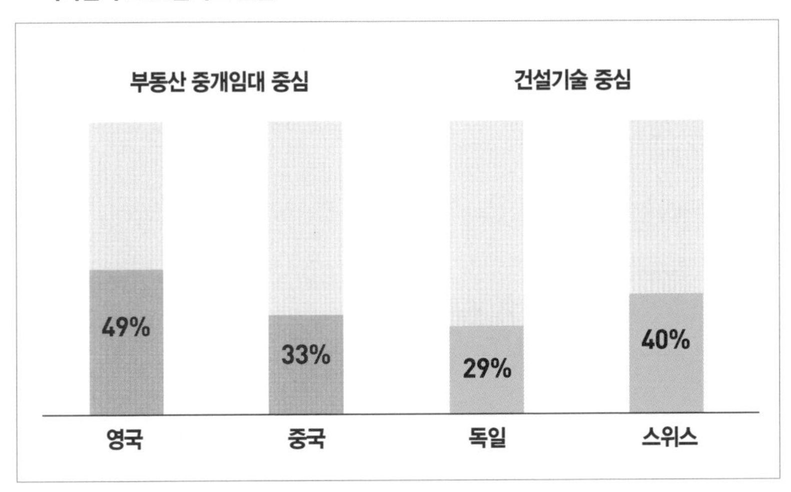

국가별 프롭테크 유형 비교(출처: 유니수 www.unissu.com)

도 영국과 중국에서는 부동산 중개·임대 서비스가 가장 큰 비중을 차지하고 있지만, 독일과 스위스에서는 건설기술, 이른바 '콘테크'가 큰 비중을 차지하고 있다.

2021년 9월 현재, 프롭테크 기업 가운데 기업 가치가 10억 달러를 넘기는 '유니콘 기업'은 23개다. 이 중 몸값이 가장 높은 기업은 중국 온라인 중개 플랫폼 '베이커자오팡贝壳找房·KE홀딩스'으로 기업 가치가 140억 달러에 이른다. 이 회사는 2019년 텐센트로부터 8억 달러를 투자 받았고 이듬해인 2020년 8월에는 미국 뉴욕증권거래소NYSE에 상장했다. 손정의 소프트뱅크 회장이 이끄는 비전펀드가 투자한 '오픈도어OpenDoor·미국'의 경우 복잡한 부동산 매매 절차를 대폭 간소화한 플랫폼 '아이바이어iBuyer'를 개발해 기업 가치가 약 38억 달러까지 치솟았다. 콘테크 기업인 '카테라Katerra·미국'는 기업 가치가 약 30억 달러에 이른다.

우리나라의 주목할 프롭테크 기업

'부동산 매매·임대 정보'가 주를 이루던 국내 프롭테크 시장에도 이제 다양한 유형의 프롭테크 기업이 속속 등장하고 있다. 시장 규모 역시 빠른 속도로 확대 중이다. 미국 증시에 상장된 질로우처럼 우리나라에서도 일반인이 직접 프롭테크 기업에 투자할 수 있는 날이 멀지 않았다.

여기서는 앞에서 다루지 않은 국내 대표 프롭테크 기업들을 살펴본다. 아직 상장까지는 시간이 걸리지만 새로운 시장을 열어가는 프롭테크 기업을 살펴보고, 남들보다 먼저 다이아몬드의 원석과 같은 기업에 주목해보면 어떨까?

■ 한국 프롭테크 맵

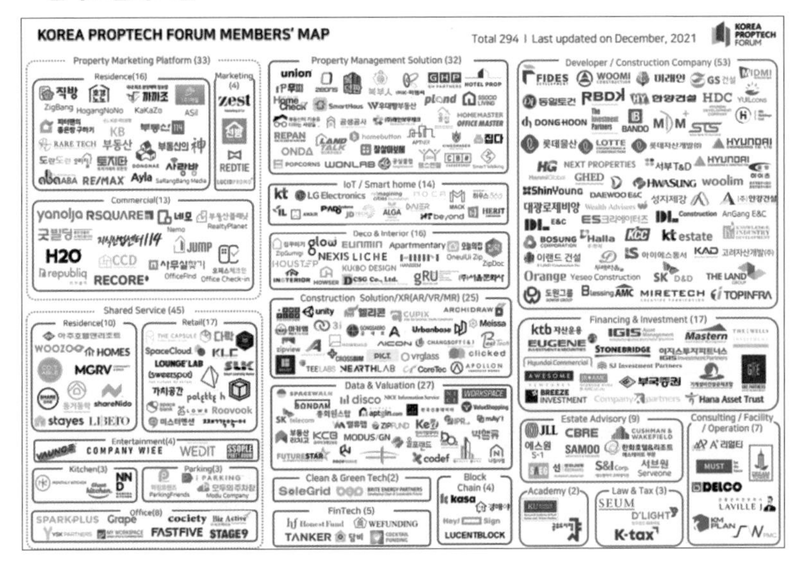

한국 프롭테크 맵(한국 프롭테크 포럼)

★ 이 장은 한국 프롭테크 포럼(proptech.or.kr)에서 발간한 2021 PROPTECH LIST BOOK을 기초로 작성됐으며, 동 포럼의 감수를 받았습니다. 대상 기업은 사업분야, 매출 규모, 대중 인지도 등을 기준으로 저자들이 협의를 거쳐 선정했습니다. 추가를 원하시는 경우, 저자의 이메일로 기업 소개를 보내주시면 검토를 거쳐 추후 발행될 개정판에 반영하도록 하겠습니다.

알스퀘어

No.1 상업용 부동산 종합서비스

| 기 업 명 | ㈜부동산다이렉트
| 서비스명 | 알스퀘어
| 설 립 일 | 2009.11.03
| 사업분야 | 사무공간 전문 솔루션

www.rsquare.co.kr

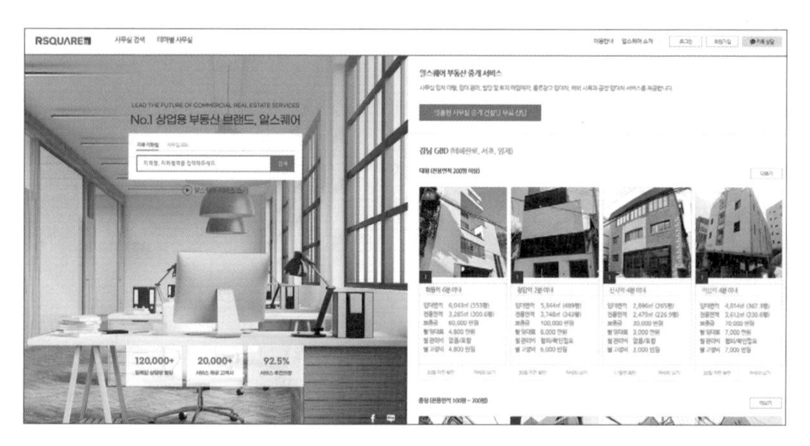

알스퀘어 홈페이지

■ 서비스 내용

알스퀘어는 기업 고객을 위한 사무공간 전문 솔루션이다. IT 기반 상업용 부동산 임대차부터 인테리어와 리모델링, 가구·전자제품 판매, 부동산 매매와 임대 전속 관리에 이르기까지 고객 편의를 극대화하는 통합 서비스를 목표로 영역을 확장하고 있다. 인구가 20만 명 이상인 핵심 업무지역을 대상으로 오피스 임대 관련 정보를 전수조사 방식으로 수집, 1만 개 이상의 기업 고객에게 공실 정보와 부동산 중개 서비스를 제공한다. '모든 서비스 영역에서 고객 만족을 최상 가치로 추구한다'는 게 알스퀘어 목표다. 이를 위해 고객사 요청에 신속하고 적극적으로 대응하는 체계를 갖추고 있다.

■ 사업 현황

- 전국 인구 20만 명 이상 도시를 대상으로 업무지구 오피스 빌딩 전수조사 완료
- 알스퀘어 서비스 이용고객 기업: 20,801개
- 정보 보유 대상 빌딩: 104,601개
- 누적계약 체결면적: 1,940,000㎡ (2016~2020년 기준 서울 잠실야구장 30개 면적)
- 누적투자 규모 158억 원, 2016~2019년 CAGR 155%이며 2020년 매출액은 650억 원
- 2020년 3월 기준 재직 인원 325명

■ 특징

- 국내 프롭테크 기업 중 최대 매출
- 단일 고객 최다 서비스 재이용 횟수(56회)
- 단일 거래처 최대 계약면적(63,133㎡)
- 최근 삼성전자, CBRE, C&W 출신의 ICT·부동산·빅데이터 전문가를 적극적으로 영입

직방

공간의 경험을 기술로 바꾸는 기업

| 기 업 명 | ㈜직방
| 서비스명 | 직방
| 설 립 일 | 2010.11.19
| 사업분야 | 종합 부동산 플랫폼

www.zigbang.com

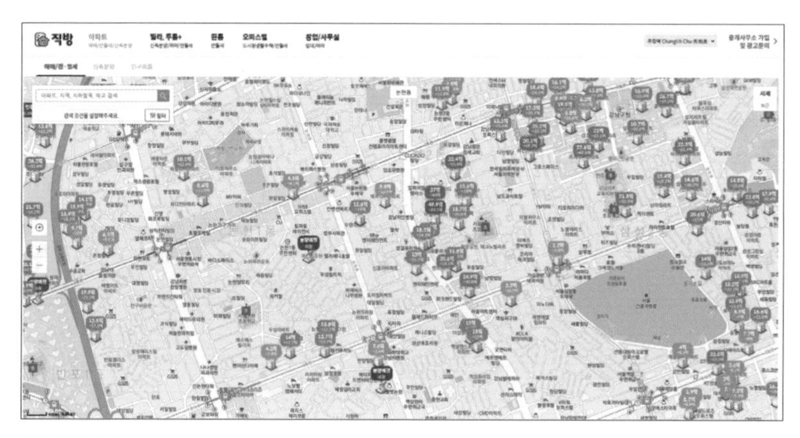

직방 홈페이지

■ 서비스 내용

'부동산 종합 플랫폼 기업'을 표방하는 직방은 부동산 시장의 정보 불균형을 해소하고, 소비자가 원하는 집을 쉽고 빠르게 구할 수 있도록 돕는다.

2012년 국내 최초로 원·투룸과 오피스텔 전·월세 매물 정보를 모바일 애플리케이션으로 선보였다.

현재 아파트·빌라·오피스텔 전·월세와 매매, 신축분양 정보를 비롯해 빅데이터 기반의 '직방시세', '실거래가', '인구흐름' 데이터, 'VR 홈투어', '거주민 리뷰' 등을 제공 중이며, 보다 전문적이고 유익한 부동산 정보를 제공하고자 '빅데이터랩'을 운영, 빠르게 변화하는 부동산 시장 트렌드를 매주 분석해 리포트로 발간한다.

또한 최근에는 '온택트 파트너스'로 허위 정보를 없애고 디지털 부동산 거래 문화를 조성하는 데 앞장서는 등 부동산 거래 경험을 혁신하고자 노력하고 있다.

■ 사업 현황

- 부동산 분야 앱다운로드 1위(2,800만 건, 2019년 12월 기준)
- 부동산 정보 플랫폼 투자유치 규모 1위
- 누적투자 규모 2,280억 원, 2019년 매출 458억 원
- 업무협약: 우리은행, 카카오, 피데스개발, 하나자산신탁, 한국자산신탁 등
- 호갱노노, 우주, 슈가힐, 네모, 호텔리브 등 프롭테크 기업 잇따라 인수하며 9개 자회사 보유
- 벤처 투자 자회사 '브리즈인베스트먼트' 설립해 사업다각화

■ 특징

- 국내 대표 프롭테크 기업으로 한국 프롭테크 포럼 공동의장사에 선임
- 전체 부동산 정보앱 중 월간 활성 이용자수MAU 30%로 1위
- 2018년 인수한 호갱노노를 합치면 MAU 65% 차지해 독보적 업계 1위

- 공인중개사 창업지원, 거래보증제도 등 양자 간 역할분담을 통해 대립이 아닌 공생을 추구하며 새로운 시장을 열어가고 있다.
- 수상 경력: 부동산 서비스 산업진흥부문 국토교통부장관 표창, 2019년 과학기술정보통신부 '제14회 대한민국 인터넷대상' 장관상

어반베이스

실내 공간을 VR·AR로 자유롭게, 3D 공간 데이터 플랫폼

| 기 업 명 | ㈜어반베이스
| 서비스명 | 어반베이스 3D 홈디자인, 어반베이스 AR, AR 스케일
| 설 립 일 | 2014.06.11
| 사업분야 | VR · AR 기술개발 및 서비스

urbanbase.com

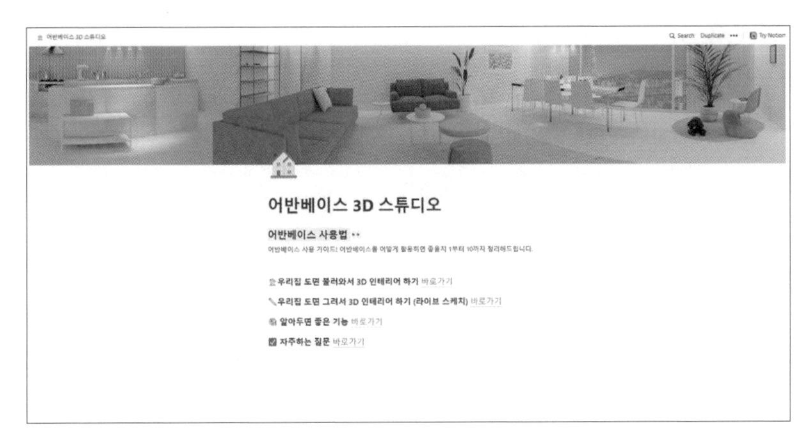

어반베이스 홈페이지

■ 서비스 내용

3D 공간 데이터 플랫폼. 전 세계 모든 실내 공간 정보를 자유롭게 활용할 수 있는 도면 변환 기술을 비롯해 공간과 관련된 다양한 VR·AR 서비스를 제공한다. 2D 도면 이미지를 단 몇 초 만에 3D 공간으로 자동 변환해주는 오토스케치 기술, 클릭 한 번으로 실제 아파트의 거주 공간에 가상으로 인테리어 배치가 가능한 3D 인테리어 서비스, 3D 데이터를 실제 공간에 배치 및 이동, 세션 관리, 조작 등이 가능한 어반베이스

AR, CV와 딥러닝 기술을 이용한 공간분석 AI 기술 등 프롭테크 시장에서 새로운 부가가치를 창출해내고 있다.

■ 사업 현황

- 서비스: 가상 인테리어 서비스 '3D 홈디자인', 홈디자이닝 AR 앱 서비스 '어반베이스 AR', '공간분석 AI', '오토스케치Auto Sketch' 등

특허 기술

- 머신러닝 알고리즘을 이용한 2D 도면·3D 자동 모델링 기술, 한국·미국·유럽·일본에 정식 특허 등록
- 3D 클라우드 기반 AR 프레젠테이션 서비스 'AR 스케일', 도면 변환과 VR, AR 뷰어 기술이 담긴 API, SDK 제공
- 제휴사 : LG전자, LX하우시스, SK, 퍼시스, 일룸, 에이스침대 등 50여 개 업체 및 브랜드와 제휴 체결

■ 특징

- 2020년 5월 시리즈 B 투자유치 완료
- 금융위원회 '혁신기업 국가대표 1000' 선정
- 2021년 9월 기준 누적투자 규모 100억 원, 재직자수 34명이며 2019년 일본법인을 설립해 니토리, 미쓰비시 부동산과 계약 체결. 싱가포르 등 동남아 부동산 진출 준비 중

집뷰

모델하우스를 온라인으로!
부동산을 소개하는 새로운 방법

기 업 명	㈜올림플래닛
서비스명	집뷰
설 립 일	2015.01.13
사업분야	실감형 콘텐츠 기반 부동산 솔루션

developer.zipview.kr

집뷰 홈페이지

■ 서비스 내용

VR 실감형 기술Immersive Technology을 기반으로 사이버 모델하우스, 견본주택 디지털화를 이끌고 있다. 사업지 공간 정보를 몰입형 3D VR로 변환하는 통합 솔루션으로 사진을 보듯 생생하게 부동산 정보를 체험할 수 있는 것이 특징이다. 직접 방문하고 발품을 팔아야 했던 과거 부동산 서비스 유통 과정을 개선한다는 데 의의가 있다. 특히 최근 부동산 시장에서 구매력이 높아진 밀레니얼 세대를 위한 맞춤형 솔루션을 제공해 언제 어디서나 부동산 정보를 체험하고 상담할 수 있는 메타버스 기반 새로운 가상 비즈니스 문화를 선도해나가고 있다.

■ **사업 현황**

- 국내외 330여 개 건설 사업지에 '집뷰 솔루션' 도입
- 연간 매출액은 2015년 4억 원에서 2020년 60억 원으로 성장
- 업무협약 체결: KT, 코리아리서치 인터내셔널, 베트남 부동산 개발기업 알파킹그룹
- 온라인박람회 등 실감형 인프라 사업까지 영역을 확장 중이며 2022년 IPO 준비 중

■ **특징**

- 코로나19 여파로 VR 모델하우스 수요가 증가하면서 2020년 11월 집뷰 임베디드 서비스 방문자수 전년 대비 169% 증가. 2016년 고객사는 6개였으나 현재까지 300여 개의 프로젝트 수행할 정도로 성장
- 수상 경력: 2018 청년 기업인상 과학기술정보통신부 장관 표창, 2019 임팩테크 대상 과학기술 정보통신부 장관상

오늘의집

No.1 Lifestyle Tech Company, 오늘의집

| 기 업 명 | ㈜버킷플레이스
| 서비스명 | 오늘의집
| 설 립 일 | 2014.07.15
| 사업분야 | 인테리어 플랫폼

 **ohou.se**

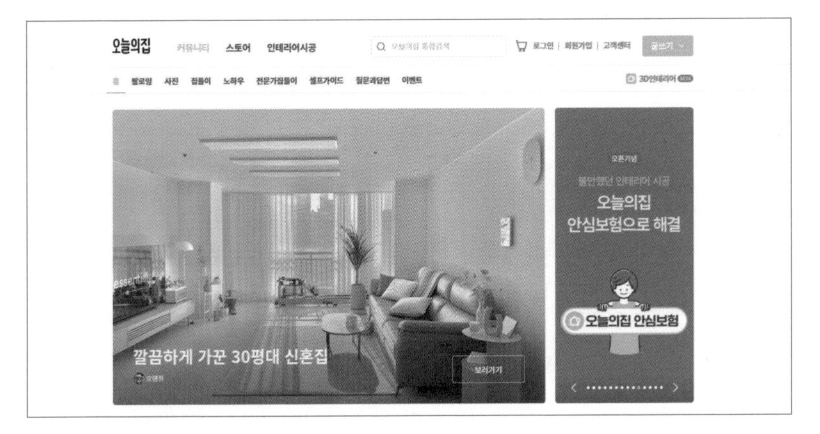

오늘의집 홈페이지

■ 서비스 내용

오늘의집은 콘텐츠와 커머스, 커뮤니티가 결합된 원스톱 인테리어 플랫폼이다. 2014년 7월 오늘의집 서비스를 공식 론칭한 이래 꾸준히 성장시켜 가장 많은 정보와 가입자 수를 보유한 국내 인테리어 플랫폼으로 자리 잡았다. 사용자가 취향에 맞는 인테리어 콘텐츠를 찾고, 현실로 구현하기 위한 가구, 소품 구매 의사 결정을 하며, 시공 전문가를 탐색하는 등 다양한 영역의 서비스를 한 플랫폼에서 제공함으로써 인테리어와 관련된 많은 고민을 편하고 쉽게 해결해주고 있다.

■ 사업 현황

- 앱 누적다운로드 1,700만 명 돌파
- 앱·웹 월간 방문자 560만 명
- 월 거래액 1,000억원 돌파(2020년 말 기준)

■ 특징

- 누적다운로드수 및 월거래액 기준 동종업계 독보적 1위
- 2020년 매출액 759억 원 (2019년 243억 원 대비 3배 이상 성장)
- 2020년 11월 미국 실리콘밸리 VC 본드캐피털을 비롯해 IMM인베스트먼트, 미래에셋벤처투자, 네이버 등에서 누적 880억 원 투자 유치
- 기업가치 8,000억 원 수준의 유니콘 기업
- 수상 경력: 구글플레이 '2018 올해의 베스트 앱', 대한민국 인터넷대상 '인터넷 비즈니스' 부문 국무총리상 수상(2020)

집꾸미기

인테리어 정보 제공에서 쇼핑까지
한 번에 ! 종합 리빙 플랫폼 기업

| 기 업 명 | ㈜집꾸미기
| 서비스명 | 집꾸미기
| 설 립 일 | 2012.08.22
| 사업분야 | 리빙 미디어 커머스

집꾸미기 홈페이지

■ 서비스 내용

집꾸미기는 인테리어 정보를 얻고 리빙 상품을 구매할 수 있는 플랫폼이다. 유튜브, 페이스북, 인스타그램 등 10여 개의 SNS를 통해 인테리어 팁을 제공한다. 주거 형태, 주택 평형과 구조 등에 따라 이웃집의 인테리어 정보를 다양하게 검색해볼 수 있다. 또 플랫폼 내 스토어에서는 카테고리별 리빙 상품을 검색하고 실시간 또는 연간 베스트상품, 특가

상품 등을 살 수 있다. 실시간 인기 검색어, 매거진과 사진을 두루 확인하면 요즘 뜨는 트렌드를 파악하기 쉽다.

■ 사업 현황

- 플랫폼과 채널 내 유통사업 외에도 인테리어 시공 및 리빙 스타일링 서비스 분야에서 자체브랜드PB 사업에도 진출
- 2021년 3월 누적투자 유치금액 156억 원

■ 특징

집꾸미기는 500만 명 이상의 집꾸미기 채널 팔로워와 높은 재방문률을 자랑한다. 방문자의 구매 전환률도 높아 매출액 124억 원 (2019년 기준)을 달성하기도 했다. 인테리어 정보를 공유해 라이프 스타일을 제안하는 리빙 콘텐츠 및 커머스 플랫폼을 표방한다.

집닥

인테리어가 쉬워지는 방법, 집닥

| 기 업 명 | 집닥㈜
| 서비스명 | 집닥
| 설 립 일 | 2015.07.22
| 사업분야 | 인테리어 및 건축 중개 플랫폼

www.zipdoc.co.kr

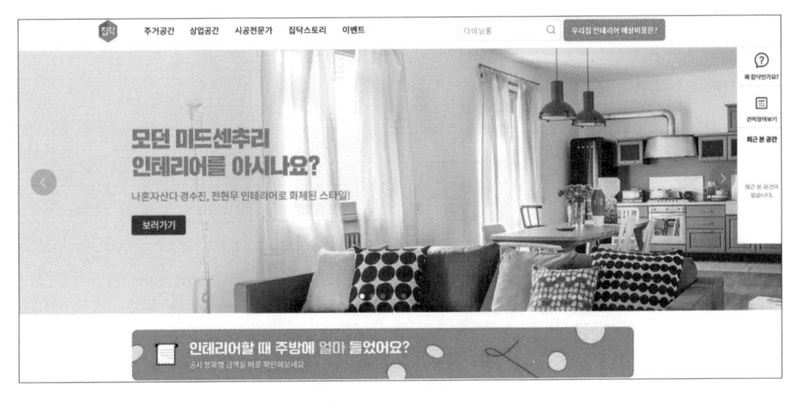

집닥 홈페이지

■ 서비스 내용

인테리어 견적 비교 및 중개 플랫폼 집닥은 주거와 상업 공간에 인테리어 시공 사례들을 제공한다. 공간, 스타일, 색상, 평형은 물론 금액별, 지역별로 검색이 가능하고 인테리어 트렌드, 인테리어 시공팁, 고객의 후기를 살펴볼 수 있다. 집닥 앱을 통해 견적을 낼 수 있으며, 집닥 파트너스가 직접 방문해 견적비교 서비스를 제공하기도 한다. 집닥은 안전결제 시스템 '예치제'를 운영하고 있는데 시공 단계별로 확인을 거쳐야 시공업체에 공사 대금이 지불되는 방식이다. 인테리어 경력 10년 이상의 전문가들로 구성된 집닥맨들이 공사 중 현장을 방문해 진행 상황을 관리해 준다. 공사 종료 후에도 최장 3년까지 애프터서비스AS 기간을 제공한다. 인테리어 공사와 관련된 표준계약서 및 세부 견적서를 제공해 투명한 공사를 보증하고 있다. 전문 CS팀이 공사 중 발생할 수 있는 각종 민원을 관리하고 해결을 도와주고 있어 편리하다.

■ 사업 현황

집닥은 이케아코리아의 '인테리어 디자인 서비스' 공식파트너다. 성수동 이케아랩 팝업에서 집닥은 고객에게 자재 상담과 추천을 포함한 시공 컨설팅, 시공 현장 중간점검과 AS서비스를 제공했다. 집닥은 인테리어 영수증 서비스를 도입해 도배, 바닥, 주방, 욕실 등 각 항목별로 공사금액을 확인할 수 있게 했다. 그리고 2021년 하반기부터는 시공사례에 공사 자재 정보 기능을 추가해 고객이 정확한 정보를 얻고 인테리어 자재를 결정할 수 있게 할 예정이다.

■ 특징

온라인 인테리어중개 시장에서는 100여 개 업체가 경쟁 중이며, 여기서 집닥 시장 점유율은 60%가 넘는다. 그동안 집닥에 들어온 누적견적의뢰 약 30만 건, 누적방문 상담 건수는 9만 건, 또 누적거래액은 5,000억 원을 넘어섰다. 2020년 집닥을 통해 시공된 금액은 1,400억 원이며 2021년 말에는 2,500억 원 수준까지 늘어날 것으로 예상된다.

- 누적거래액 : 4,000억 원 돌파(2021년 4월 기준)
- 누적견적수 : 25만 건 돌파(2021년 4월 기준)
- 수상 경력 : 중소벤처기업부 장관상, 과학기술정보통신부 장관상

야놀자

글로벌 여가 플랫폼 및 No.1 여행 테크 기업

| 기 업 명 | ㈜야놀자
| 서비스명 | 야놀자
| 설 립 일 | 2007.03.01
| 사업분야 | 여가 플랫폼 및 여행 테크 기업

www.yanolja.com

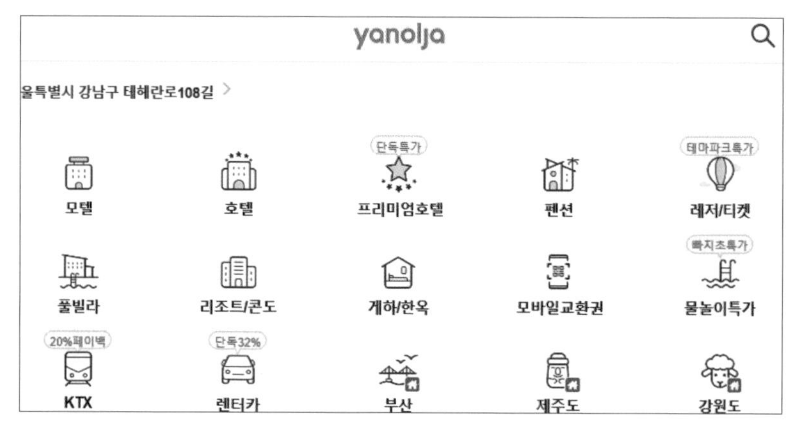

야놀자 홈페이지

■ 서비스 내용

여행·레저업계에서 최근 2~3년 새 가장 많은 스포트라이트를 받은 회사다. 2011년 호텔 체인사업을 시작한 야놀자는 4만 5,000개의 호텔, 모텔, 펜션, 게스트하우스 등 각종 유형의 국내 숙박정보를 제공하며 실시간 예약, 90일 전 미리 예약, 대실 서비스도 야놀자를 통해 가능하다. 숙소와 레저 예약 시 쿠폰과 중복 사용이 가능한 포인트도 지급하고 있다. 핫hot한 맛집, 레저, 물놀이, 테마파크와 제주, 부산, 강원 지역의 즐길 거리 정보도 야놀자를 통해 해결 가능하다. 고속버스, KTX, 렌터카, 항공권 등도 야놀자 플랫폼을 통해 예약할 수 있다. 해외여행에 필요한 숙소, 항공권, 여행자 보험 관련 서비스도 책임지는 종합 여행 플랫폼이다.

■ 사업 현황

- 야놀자는 WHN 그룹, 데일리 호텔, 야놀자 C&D, 이지테크노시스, 젠룸스, 한국물자조달 등의 계열사를 두고 있다. 여가의 B2B2C 밸류 체인을 원스톱으로 연결하고 이를 하나의 플랫폼으로 통합해 표준화하기 위한 노력의 일환으로 호텔 야자, 얌, 에이치에비뉴 등 호텔 브랜드 6개를 보유하고 있으며 300여 개 가맹점을 운영하고 있다. 동남아시아 최대 호텔 프랜차이즈 기업으로 1만 개 이상의 객실도 운영 중이다. 또한 호텔 등 여가 시설에 IT 솔루션을 비롯해 사물인터넷IoT, AI, 블록체인 기술 등을 활용한 호텔 솔루션을 제공하는 테크 기업이다.
- 보유 기술 : 클라우드 기반 종합 호텔 자동화 솔루션 '와이플럭스', 셀프 체크인 기기 '와이플럭스 키오스크', 클라우드 기반 객실관리 솔루션 '와이플럭스 GRMS' 개발 및 출시

■ 특징

야놀자는 세계 2위 자산관리시스템PMS 업체로, 세계 2만 3,000개 숙박

시설에 소프트웨어를 공급하고 있다. 국내외 임직원수는 1,500여명이고 그중 연구개발 인력 비중은 40% 이상에 달한다. 야놀자는 중장기적으로 전체 임직원의 70% 이상을 연구개발 인재로 채운다는 계획을 갖고 있다. 소프트뱅크 비전펀드로부터 2조 원 규모의 투자를 유치해 기업 가치는 10조원 가량이다. 야놀자는 투자금을 바탕으로 글로벌 시장 PMS 1위 오라클과 정면승부를 내보겠다는 야심을 가지고 있고, 이를 위해 AI를 기술 기반의 자동화 솔루션, 빅데이터를 통한 개인화 서비스를 고도화해 글로벌 여행 플랫폼을 구축 및 운영한다는 그림을 그린다. 2020년 연결 기준 야놀자의 매출은 2,888억 원으로 전년보다 16.7% 증가했고, 영업이익도 109억 원으로 흑자전환했다.

카카오T

라이프 중심의 모빌리티 플랫폼

| 기 업 명 | 카카오모빌리티
| 서비스명 | 카카오
| 설 립 일 | 2017.05.08
| 사업분야 | 데이터베이스 및 온라인정보 제공업

www.kakaomobility.com

카카오T 홈페이지

■ 서비스 내용

스마트 모빌리티 서비스를 제공하는 카카오T는 사람을 넘어 물건, 서비스까지 이동시켜준다. AI 배차 시스템을 활용한 택시, 데이터 중심의 대리, 전기자전거 공유 서비스인 바이크, 여행과 행사 등 단체 이동이 필요할 때 셔틀, 전국 시외버스·기차·항공 이용 서비스도 하고 있다. 해외(일본·베트남)에서도 편리한 택시호출 서비스를 제공한다. 목적지 근처 주차장 검색부터 예약·결제까지 해결할 수 있어 편리하게 주차할 수 있다. 카카오T 앱에 등록해둔 사용자 결제 정보를 바탕으로 퀵과 택배 서비스도 이용할 수 있다. 실시간 교통 정보 기반으로 빠른 길을 안내해주는 카카오내비를 이용할 수 있다.

■ 사업 현황

카카오T는 통합 교통 O2O Online to Offline 플랫폼 사업을 하고 있다. 그리고 마이카 서비스를 통해 세차와 정비를 포함한 차량 관리용 서비스까지 운영하고 있다. 환경부와 함께 전기차 충전시설 스마트 서비스 제공을 위한 업무협약을 체결하고 카카오T의 플랫폼과 공공기관의 인프라를 결합, 전기차 충전 서비스를 위한 전방위적 협력 체계를 구축했다.

■ 전망

카카오T 누적회원수는 2,600만 명을 넘었는데, 이는 경제활동인구(2020년 10월 기준 2,800만 명) 대부분이 카카오T를 이용한 경험이 있는 셈이다. 모빌리티 이용 데이터를 바탕으로 실제 이동 위치를 파악할 수 있어 데이터로서의 가치가 향후 높아질 예정이다. 카카오모빌리티가 그리는 스마트시티를 구현해나갈 것으로 전망된다. 자율주행 서비스와 대리운전도 차츰 데이터로 수요를 예측하고 스마트한 귀가를 할 수 있도록 서비스를 선보일 예정이다. 주차장 입·출차 데이터를 활용한 AI 엔진으로 사용자 도착 예상 시간에 맞춰 주차 가능한 공간 안내도 하게 될 것이다. 고속도로에 있는 긴 터널 안 GPS가 잡히지 않아 위치를 파악할 수 없었는데 FIN**융합 실내 측위** 기술을 통해 LTE 신호 데이터를 학습해 사용자의 위치를 터널뿐만 아니라 건물 안에서도 추정 가능하도록 개발해 나갈 예정이다.

아이파킹

사람과 주차를 연결해주는 클라우드 기반의 스마트 주차 플랫폼

| 기 업 명 | ㈜파킹클라우드
| 서비스명 | 아이파킹
| 설 립 일 | 2009.11.17
| 사업분야 | 스마트 주차 솔루션

smartparking.iparking.co.kr

아이파킹 홈페이지

■ 서비스 내용

아이파킹은 주차와 관련된 모든 서비스를 제공하며, 목적지 및 주변 가까운 주차장을 찾도록 정보를 제공한다. 주차권과 할인권을 관리소 방문 없이 간편하게 구매할 수 있고, 월 정기권을 구매할 경우 마감 임박 시 기간연장 알림도 보내준다. 무정차 요금정산 서비스인 '파킹패스'를 통해 등록한 결제 정보로 자동 정산돼 입출차를 편리하게 해준다. 그리고 모바일을 통해 주차 위치를 확인할 수 있다. 주차비가 할인되는 제휴상점을 확인할 수 있다. 제휴사 멤버십 포인트, 카드사 포인트로 주차요금을 할인받을 수 있도록 한다. 사용 가능한 제휴처는 블루멤버스,

기아 레드멤버스, 삼성카드 포인트, L포인트, GS&포인트, 신한카드 포인트 등이다. 또한 강남, 이태원 등에 위치한 아이파킹 존에서 주차와 발렛을 동시에 간편하게 이용할 수 있다.

■ 사업 현황

아이파킹은 클라우드를 기반으로 한 온라인 실시간 연동 주차솔루션 '파킹클라우드'를 주차와 관련된 모든 이해관계자에게 공급해 스마트한 주차 시스템을 구축하고 있다. 파킹클라우드는 주차장의 유휴 공간을 중개해주고 있으며 차고지 증명, 자동차 대여사업 법인(카셰어링, 렌터카), 여객자동차 운수사업법인, 일반법인, 개인고객 등을 상대로 수익을 창출하고 있다. 전국 4,000개가 넘는 아이파킹 존을 설치해 운영하고 있다.

■ 특징

아이파킹 누적주차대수는 7억 대를 돌파했다. 모빌리티 산업이 주목받으면서 AI 무인주차 관제솔루션이 대형 주차장과 중소형 건물에 건축돼 있어서 주차장을 중심으로 모빌리티 허브 역할을 할 것으로 예상하고 있다. 2020년 638억 원 매출을 달성했고, 매달 아이파킹 존이 100곳 이상씩 늘어나고 있다.

- 전국 약 4,000개 iParking ZONE 설치 및 운영 중(하루 평균 100만 대 이용), 누적주차대수 약 7억 대(2021년 5월 기준)
- 아이파킹 회원 65만 명 돌파
- 국토부 '스마트시티 챌린지' 사업자 선정(2020년 2월)

고스트키친

배달 창업의 시작, 고스트키친

| 기 업 명 | ㈜단추로끓인스프
| 서비스명 | 고스트키친
| 설 립 일 | 2017.05.12
| 사업분야 | 공유 주방

ghostkitchen.net

고스트키친 홈페이지

■ **서비스 내용**

고스트키친은 배달 음식점을 창업하려는 예비 창업자에게 공용 주방 시설, 공용 창고, 공용 라커룸 등의 공간을 임대하며, 운영에 필요한 각종 서비스를 IT 기술 기반으로 제공한다. 주문 접수 및 배차 시스템 '고스트TMS'를 제공해 각종 배달 앱을 통한 주문부터 배달까지 모든 과정을 자동화했으며, 상권분석 데이터를 기반으로 총 8개 지점까지 확장하며 ICT기반의 스마트 공유 주방으로 진화해왔다. 현재는 자체 배달 서비스 고키런을 시범운영 중이다. 고스트키친은 입점 점주가 좋은 배달음식을 생산할 수 있는 주방 공간을 제공하고, 파트너가 좋은 음식을 만들 수 있도록 푸드 콘텐츠를 연구하고, 브랜드를 개발하며, 자체 플랫폼과 서비스를 통해 최종 소비자에 맛있는 일상식을 제공하는 밸류체인 전반에 관여하고 있다.

■ 사업 현황

강남, 삼성, 송파, 영등포, 관악, 노원, 성남 7개의 지역에 8곳의 공유주방에서 166개 키친을 운영 중이다. 기존 상가 임대라는 프로퍼티 사업에 IT 및 데이터 기술을 접목해 기존 상가 부동산을 고부가가치 인프라로 만들고 있다.

■ 특징

고스트키친은 초기 자본금이 부족한 창업자를 대상으로 시장 진입장벽을 낮춰주는 역할을 한다. 그리고 규모 있는 F&B 사업을 하려는 사업자에게는 인프라 사업을 한다. 약 10조 원 규모로 급성장한 국내 배달 시장 덕에 성장을 기대해볼 수 있다. 고스트키친 최정이 대표를 비롯해 주요 경영진은 '배달의민족' 출신으로 공유 주방의 핵심인 업주와 배달업의 생태계를 잘 파악하고 있다. 우미건설, IMM인베스트먼트 등으로부터 160억 원의 투자를 유치했다. 2020년 매출액은 32억 원이다.

작심

오프라인 공간 독서실과 온라인 인강을 결합한 교육 플랫폼

| 기 업 명 | ㈜아이엔지스토리
| 서비스명 | 작심
| 설 립 일 | 2013.10.22
| 사업분야 | 교육 O2O 플랫폼

zaksim.co.kr

작심 홈페이지

■ 서비스 내용

자기주도학습을 돕고 사교육비를 절감하도록 공부 공간과 교육 콘텐츠를 결합한 서비스를 제공한다. 작심 공간은 영국 옥스퍼드대학교의 900년 역사를 지닌 보들리안 도서관을 콘셉트로 꾸며졌다. 이투스, 대성마이맥, 해커스, 시원스쿨, 윌비스, 리디북스 등 교육 업계와 제휴를 맺어 수험생·공무원 준비생·취업준비생·직장인 그리고 일반인에게 다양한 온라인 교육 콘텐츠를 제공한다. 온라인 강의 150여 종을 이용

고객에게 무료로 제공하고 있다. 이와 함께 지난 2020년 1월, 자체 개발 키오스크와 CRM프로그램 '픽코파트너스'를 론칭해 도입했고, 도입 1년 만에 거래액 50억 원을 달성했다.

■ 사업 현황

작심은 프랜차이즈인 독서실과 스터디카페 가맹사업과 스페이스(공유오피스)를 운영하고 있다. 2020년 4월 대교 홍콩법인과 함께 업무협약을 체결하고 홍콩 내 매장 개설 및 운영에 참여했다. 대교 홍콩법인과 협력하는 스터디카페는 와이파이 서비스, 커피 음료 등을 국내처럼 무제한 제공한다. 그리고 '작심해바' 에너지바를 출시하며 커머스 시장에도 진출했다. 코오롱 제약을 비롯한 국내 제조업체와 제작했고 2020년 7월 11일 공동구매 7분 만에 18만 개를 완판했다. 작심의 브랜드 인지도를 바탕으로 학생들의 건강과 에너지를 관리할 수 있는 다양한 건강보조식품 등을 준비 중이다.

■ 특징

2021년 4월 기준 전국 점포수는 500개를 돌파했고, 스터디카페·독서실 부문 매경 100대 프랜차이즈로 선정됐다. 2021년 6월 말 기준 혜택인원은 13만 명이고, 누적혜택 금액은 45억 원을 넘어섰다. 온·오프라인 교육 플랫폼인 작심은 서비스 초기 단계가 지나 매장이 안정화되면, 키오스크와 원격제어로 무인 운영이 가능하며 이에 따라 다점포 운영도 가능하다는 장점이 있다. 2020년 252억 원의 매출액을 달성했다.

부록

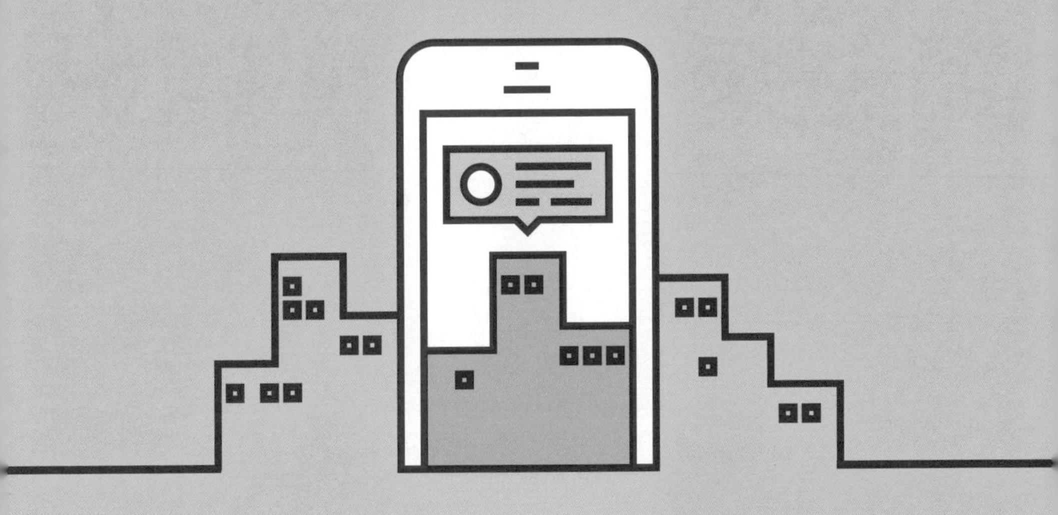

1 부동산 사례별 프롭테크 앱 활용 기능 안내

2 부동산 투자 상품은 어떻게 고를까

3 온라인투자 연계금융(P2P) 이란

부동산 사례별 프롭테크 앱 활용 기능 안내

■ 프롭테크로 내 집 마련하기

구분	프롭테크	활용 기능
지역 선정	부동산지인	지역분석, 빅데이터 지도, 지인빅데이터
	아실	매수심리, 부동산 빅데이터 (환경변화, 지역 통계)
	리치고	지역별 미래전망, 불장 지역
단지 선정	호갱노노	실시간 인기 아파트, 대장 아파트, 신고가, 변동, 공급, 거래량
	리치고	단지 비교하기, 지역별 대장 단지
	아실	두개단지 가격비교, 순위 분석, 많이 산 아파트
갭투자	호갱노노	필터 통해 갭투자 물건 검색(평형, 갭가격, 전세가율 등)
	아실	갭투자 증가 지역, 갭투자 현황
학군	아실	지역별 학업성취도순(국영수평균), 진학률(특목고)
학원가	호갱노노	학원가의 규모, 시간당 평균 학원비

구분	프롭테크	활용 기능
상권	호갱노노	상권의 규모 (병원, 약국, 음식점, 카페, 마트 등)
교통	리치고	지하철 호재 (개발 사업 진행 속도, 노선)
	아실	교통망 (신설교통망 정보, 주요 역까지 소요시간 및 노선)
	호갱노노	출근 (출근지 선택하면 지역별 소요시간, 자가용 / 지하철)
경매	호갱노노	전국경매정보, 필터 통해 맞춤형 물건 검색
	아실	경매 진행 / 낙찰 / 연기 / 종료 현황, 유찰횟수, 최저가
매물	네이버부동산	매매 정보 제공 (배정학교, 관리비, 세금, 중개 보수)
	KB부동산	매매 정보 제공 (최근 실거래가, 단지요약정보, 지역내비교)
실거래가	호갱노노 外	실거래가 정보 제공 (부동산지인, 아실, 리치고)
임장	네이버지도	로드뷰 통해 연도별 길거리 변화
	호갱노노	지도 (거리뷰), 경사 (색이 진할수록 급경사, 화살표 경사 방향)
	카카오맵	스카이뷰 연도별 변화 검색
청약	한국부동산 청약홈	청약신청, 청약당첨조회, 청약자격확인, 청약가점 계산기
	호갱노노	전국 분양 정보 제공, 알림받기
	리치고	청약 정보 제공 (경쟁률, 당첨 최저가점, 평당가격)
	아실	분양, 경쟁분양단지 가격비교, 사이버 모델하우스
대출	전국은행연합회	가계대출금리 은행별 비교, 금리구간별 취급비중 비교
세금	세무통	세금 모의 계산, 가격비교 견적서비스
	부동산114	부동산계산기, 부동산 상담

■ 프롭테크로 자산 늘려가기

구분	프롭테크	활용 기능
정비사업 현황	정보몽땅	정보공개현황 (사업장 검색, 서울시 정비사업 현황 검색)
	리치고	재개발, 재건축 (단계, 완료일, 완료속도)
	호갱노노	재건축 (단계, 재건축 현황)
노후도	부동산플래닛	탐색 (준공연차 30년 이상 설정)
토지 관련 증명서	일사편리	부동산정보 통합 열람 (토지, 건축물, 토지이용계획, 공시지가)
	토지이음	토지이용계획, 도시계획
	씨:리얼	부동산종합정보 (토지정보, 소유 및 가격, 토지이용계획)
토지 검색	디스코	필터 (부동산 유형 토지 선택, 기간, 가격)
	랜드북	탐색 (면적, 가격, 건물연면적, 건물규모, 건물노후)
토지 면적	디스코	측정 기능 통해 토지 면적 측정 가능
	랜드북	면적 기능을 통해 총 면적 확인 가능
건물 짓기	랜드북	분석 (건축분석, 최적설계안 시뮬레이션, 사업성 분석)
	닥터빌드	AI 다이렉트 집짓기 (3D 미리보기, 사업비, 수지분석) AI 건축 비교 견적 서비스 (건축사, 시공사 추천 서비스)
건축 공사	닥터빌드	셀프 건축관리 시스템 (공사 보고, 기성평가, 감리 서비스)
건물 관리	마이빌딩북	내 부동산 관리, 임대료 관리 (수입.지출, 연체 현황)

추천  서적

본문 내용은 입문자를 위한 기초적인 내용을 담고 있으므로, 실제 투자하기 전 아래 서적을 통해 조금 더 공부할 것을 추천한다. 추가로 유튜브나 온라인 교육과정을 통해 좀 더 많은 지식을 쌓고 전문가들을 찾아다니며 의견을 듣는다면 자산증식 과정에서 수반되는 리스크를 줄이고 성공확률을 높일 수 있다.

정비사업 관련 도서

- **붇옹산의 재개발 투자 스터디** (구루핀, 강영훈 지음)
  부동산스터디 • **https://cafe.naver.com/jaegebal**
- **한권으로 끝내는 돈되는 재건축 재개발** (잇콘, 이정열 지음)

토지투자 관련 도서

- **지적도의 비밀** (라의눈, 전종철 지음)

자산관리 관련 도서

- **꼬마빌딩 자산관리 매뉴얼** (바른북스, 서후석 / 김원상 지음)

부동산 투자 상품은 어떻게 고를까?

부동산 투자라고 하면 대부분 지금까지 다루었던 아파트나 상가, 토지, 여유가 좀 더 있다면 빌딩 정도를 떠올릴 것이다. 하지만 부동산 투자의 범위는 생각보다 훨씬 넓다.

부동산의 특성상 투자 금액이 크기 때문에, 기존에는 이러한 것들이 대부분 기관투자자나 자산가들의 영역이었으나 기술 금융의 발달로 개인들도 그런 상품들에 접근할 수 있는 기회와 영역이 점점 늘어나고 있다.

앞에서 투자를 위한 어떤 플랫폼이 있는지를 봤다면, 여기서는 부동산 투자 상품을 세세히 살펴보면서, 어떤 상품에 투자하면 좋을지 생각해보자.

① 부동산 유형별 구분

부동산 투자를 구분하는 가장 직관적인 방법은 사용용도에 따른 구분이다. 아파트, 상가, 오피스텔, 오피스 외에, 리츠 상품으로 많이 출시되는 물류창고, 그리고 개인이 투자하기에는 위험부담이 큰 호텔이나 병원 등의 특수목적시설 등도 있다.

■ **부동산 상품의 유형별 특징과 리스크**

<table>
<tr><th>유형</th><th>상품의 특징</th><th>리스크</th></tr>
<tr><td rowspan="4">주거시설</td><td>공공매입 주거개발 사업
(LH, SH공사)</td><td rowspan="2">매우 낮음</td></tr>
<tr><td>일반 아파트</td></tr>
<tr><td>주상복합아파트
오피스텔(주거용)
도시형생활주택
고급빌라</td><td rowspan="2">상대적으로 낮음</td></tr>
<tr><td>일반 빌라
다세대주택</td></tr>
<tr><td>판매시설</td><td>근린생활상가/타워
분양형 쇼핑몰</td><td rowspan="2">개인이 접근할 수 있는
한계선에 있음</td></tr>
<tr><td>업무시설</td><td>오피스(업무용 빌딩)
오피스텔</td></tr>
<tr><td>물류시설</td><td>물류창고/단지/센터</td><td>높음</td></tr>
<tr><td>숙박시설</td><td>분양형 호텔 개발</td><td>매우 높음</td></tr>
<tr><td>기타</td><td>병원,공장,체육시설 등</td><td>매우 높음</td></tr>
</table>

② 부동산 개발 단계에 따른 상품들의 특징

이 책을 읽는 독자들 중 일부는 신규 아파트를 분양받거나, 이미 지어진 부동산을 매입해봤을 것이다. 분양을 받거나 매매를 하는 시점에서

대출 등을 통해 돈을 마련하게 되는데, 부동산을 개발하는 건축주 입장에서는 토지 매입부터 준공에 이르는 모든 단계에서 자금 조달을 필요로 한다.

■ **부동산 개발 단계에서 나타나는 투자 상품들**

단계	상품명	투자가이드
토지 매입	계약금 대출 브릿지 대출	- 향후 건축인허가 리스크와 건축물 준공의 리스크, 사업 분양과 입주 리스크 등 사업의 모든 리스크에 대한 확신이 있을 때, 대출할 수 있는 초기 시점 상품으로 리스크가 매우 높음 - 본 구간의 투자자들은 착공 시 들어오는 PF대출금에 의해 상환받는 것이 일반적이나, PF대출금이 들어오려면, 모든 리스크에 대한 판단이 양호해야 하기 때문에 사업 전반에 대한 분석이 필요.
착공	부동산PF 대출	- 현 단계에서는 이미 인허가 리스크를 지났기 때문에, 남아 있는 분양 리스크와 준공 및 입주 리스크를 살펴보아야 함. - 높은 신용등급 시공사의 책임준공이나, 신탁사의 준공확약 등을 확인하고, 분양가 및 시장의 거래현황 등을 잘 파악해야 함.
준공 전	준공자금 대출	공사비의 증가나 분양이 원활치 못하는 등의 원인으로 준공 직전 사업비가 부족할 경우 발생. 따라서, 발생 원인에 대한 분석과 준공가능성을 확인해야 함.
	개발이익 유동화 대출	통상 분양률이 높은 사업장에서 사업주의 필요에 의해 발생하며, 분양 계약의 진성여부와 입주 시점에서의 시장 상황에 따른 예상 입주율 등을 잘 판단해야 함.
준공 후	미분양담보 대출	준공 후 등기가 완료되고 입주가 개시된 시점에서도 미분양된 세대나 점포를 담보로 대출을 하는 것으로, 경매 낙찰가율 등을 고려한 적정 LTV인지 확인해야 함.

③ 온투업자의 부동산 상품별 차이점과 투자 포인트

아파트 담보채권

온라인 연계투자 상품 중 비중이 가장 높은 상품이다. P2P금융이 태동하던 시절부터 있었던 상품으로 매우 낮은 연체율과 사실상 제로에 가까운 부실률을 보이면서도 6~10%대의 높은 수익률을 제공하고 있다.

■ 아파트담보 상품의 특징

투자 가이드	- 담보인정비율(LTV)과 위치, 단지 규모 등의 대출 기준이 있으며, 카카오페이의 제휴사 기준으로 부실률이 0%이므로, 어떤 회사나 상품에 투자해도 큰 차이는 없다. - 공통적으로 나타나는 기준은, 서울이나 수도권은 LTV 80% 이내, 지방 대도시나 주요 도시는 75% 이내로 대출액을 제한하며, 1~2동이 외진 곳의 나홀로 아파트는 제외된다. - 한국의 국가경제력을 고려하면, 상품 자체는 리스크가 매우 적은 편이다. 단 외환위기나 전쟁 수준의 사건이 발생하면 부동산 시장이 경색돼 큰 폭의 시세 하락을 가져올 수 있으며, 이때 원금손상이 발생할 수 있다. - 투자기간 중 연체가 발생할 경우, 채권 매각이나 경매를 통한 회수까지 수개월의 시간이 추가로 소요될 수도 있다. 하지만 대부분 연체이자까지 회수되는 경우가 높아, 기간 내 채권이 연체된다면 느긋이 투자수익률이 높아지는 걸 즐기길 바란다. - 전체적으로 P2P상품 중 개인투자자들이 가장 안정적인 투자가 가능한 상품이다.
수익률과 만기	- 약 6~10%대의 수익률 기대 - 만기 12개월

비주거시설 담보채권

토지, 오피스, 상가, 호텔, 병원, 공장 등 비주거시설을 담보로 한 상품은 부실화돼 경매에 들어갔을 때, 원금손상과 회수기간 지연이 발생할 가능성이 높다. 따라서 부동산에 전문성이 있는 전문 개인투자자들에게만 추천하며, 일반 개인투자자들에게는 추천하지 않는다. 온투업자들이 플랫폼에 올리는 상품소개서만 보고 투자하기에는 개인투자자들이 판단하기 어렵기 때문이다.

■ 비주거 부동산담보 상품의 특징

투자 가이드	– 토지는 위치가 좋다면, 연체되더라도 회수기간이 길어질 뿐 원금과 연체이자를 회수하기 수월함. – 상가건물이나 구분상가는 임차인의 권리관계가 복잡할 경우, 장기간의 소송전과 경매가 하락으로 원금손실의 가능성이 높으므로, 상권이 우수한 지역의 상품만 제한적으로 접근하기 바람 – 오피스 빌딩은 비주거 상품 중 투자안정성이 높은 편에 속하나, 역시 임차인과의 권리관계나 공실 등을 잘 따져봐야 함. – 병원이나 호텔 등 단순 임대가 아닌 운영 주체가 필요하고 운영을 통한 부동산 가치가 결정되는 시설은 부실 발생 시 고려해야 할 요소가 많고, 이해관계인도 많아 장기간 회수지연과 소송전으로 확대되기 때문에, 가장 오래 부실화될 가능성이 높다. 별도의 추가담보나 회수안전책이 붙어 있지 않는 한 접근하지 않는 것이 좋다.
수익률과 만기	– 약 9~17% 수준의 수익률 기대 – 만기 약 3~14개월

일반적인 개인투자자들은 비주거 상품의 리스크를 충분히 판단하기 어렵기 때문에, 판매실적과 연체/부실률이 양호한 온투업자를 선택해서 투자하는 것이 바람직하다.

개발사업 채권 (부동산PF 등)

일반적으로 사업이 시작되는 토지 매입 단계의 투자 리스크가 가장 높고, 뒤로 갈수록 불확실한 요소들이 사라지면서 리스크가 낮아진다. 따라서, 리스크가 가장 높은 앞 단계의 투자수익률이 가장 높고, 뒤로 갈수록 낮아야 하겠지만 실제로는 상황에 따라 다른 경우가 많다.

■ 부동산개발사업의 단계별 자금조달 방식

단계	투자 상품의 종류
토지매입	토지담보 브릿지 대출 계약금 대출
공사 개시	Project Financing대출 (공사비,사업비)
준공 전 공사비 부족	준공자금 대출
준공 전 개발이익 선회수	개발이익(=시행이익) 유동화 대출
준공 후 대출상환자금 부족	준공 후 미분양담보 대출

온투업 상품을 볼 때 '부동산PF' 라는 단어로 개발부동산 상품을 통칭하는 경우가 많은데, 세밀하게 들어가면 '부동산PF'는 공사개시 단계에서 조달되는 공사비 대출을 의미한다. 실제, 부동산 업계에서 일하는 사람들 중에서도 단계별 자금성격을 구분하지 못하는 경우도 있다.

리스크가 높더라도 높은 수익률을 추구하여, 부동산 개발사업에 투자하고 싶은 분들은 온투업자들의 공시분류에서 '부동산PF'로 표현되는 상품의 연체율과 부실률 수치를 살펴보고, 개별 상품보다는 회사를 기준으로 선택할 것을 권한다.

왜냐하면, 부동산PF 카테고리에 포함되는 상품들은 개인투자자가 단기간의 공부를 통해 판단하기 매우 어려운 상품들이기 때문에, 오랜 기간 연체율/부실률을 낮게 유지하는 회사의 부동산PF상품에 투자하는 것이 안전하다.

[별첨] 카카오페이에서 광고했던 온투업자들의 공시실적

카카오페이가 2021년 8월 P2P투자상품 광고를 중단하기 전까지 제휴했던 P2P업체는 3곳임. 아래 표는 온투업자의 자체연체율과 카카오페이에 전용 상품으로 공급했던 상품의 부실률 실적임.

■ **카카오페이 제휴 온투업자 공시지표 분석(2021년 6월 말)**

광고사명	누적 대출액	통합 연체율	상품별 연체율	카카오페이 공급상품 실적
피플 펀드	1조 1,206억	2.78%	개인신용 0.93% 부동산담보 1.58% 부동산PF 87.22% 매출채권/어음담보 0.0% 기타담보 0.0%	개인신용 0.0% 부동산담보 0.0% 부동산PF 0.0% 매출채권/어음담보 0.0%
투게더 펀딩	1조 1,040억	7.72%	아파트 0.0% 부동산개발 (브릿지,PF,ABL) 0.0% 일반부동산 8.75% 동산 100% 홈쇼핑 38.55%	아파트 0.0% 부동산개발 (브릿지,PF, ABL) 0.0% 동산 0.0%
테라 펀딩	1조 1,957억	51.23%	부동산PF 79.70% 부동산담보 1.44%	부동산PF 0.0% 부동산담보 0.0%

출처 : 홈페이지 공시자료(2021년 6월 말 기준).

부록3

온라인투자 연계금융(P2P) 이란

우리나라는 2020년 8월, 세계 최초로 온라인금융 전문 법률인 '온라인투자연계금융업 및 이용자 보호에 관한 법률'(이하 온투법)을 시행해 2021년 11월 말 기준 33개 회사가 정부에 라이선스를 등록했다.

이렇게 등록된 회사는 온투법이 정한 엄격한 영업기준과 내부통제기준을 준수하는 제도권 금융사가 됨과 동시에 법률에 근거한 금융감독원의 감독을 받게 된다.

이미 피플펀드, 투게더펀딩, 어니스트펀드, 헬로펀딩 등 2015년 전후로 생겨난 P2P 금융회사들은 신기술 금융을 기반으로 투자자에게 높은 금리를, 대출이 필요한 사람들에게는 쉬운 대출을 제공하며 많은 성장을 이루었다.

하지만 그동안 제도가 갖춰지지 않아 무리한 몸집 불리기와 경쟁 심화, 전문성 부족으로 부실채권이 많이 발생하는 부작용이 있었던 것도 사실이다. 투자자들이 손해를 입는 경우도 많고, 일부 업체는 형사 처벌

대상이 되기도 했다.

그러나, 이제는 온투법 시행으로 이전보다 높은 투자 안정성을 확보하며 새로운 투자의 대안으로 자리매김할 수 있게 됐다.

■ **온라인투자 연계금융업자 사례**

플랫폼을 통한 대중화

많은 온투업자들은 사업초기 부족한 투자자수를 대형 플랫폼들과의 제휴로 보완했는데, 이로 인해 많은 개인투자자들이 쉽게 접근하는 계기가 되었고, 제휴된 업체들과 그렇지 않은 업체들 사이에 대출 규모의 차이도 두드러지기 시작하였다.

그렇게, 플랫폼에서 다양한 업체의 부동산 상품에 투자할 수 있었지만, 2021년 중순 금융당국의 규제로 플랫폼과 온투업자의 제휴광고가 중단 되었다. 플랫폼이 투자 서비스를 재개하기 위해서는 금융 상품을 중개할 수 있는 라이선스를 획득하거나, 직접 해당업에 진출하는 방법 등이 있는데, 추후 일부 플랫폼의 서비스가 재개될 가능성이 높아 대표적인 투자 관련 플랫폼을 알아둘 필요가 있다.

■ 온투업자와 제휴했던 플랫폼

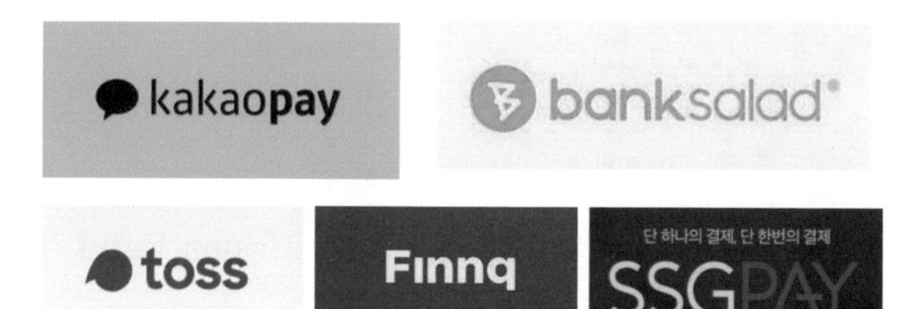

플랫폼 중에서 가장 먼저 P2P상품을 광고하기 시작한 곳은 토스TOSS다. 2017년 서비스를 시작해 테라펀딩, 어니스트펀드, 8퍼센트, 투게더펀딩, 피플펀드 등과 제휴하며 P2P 금융의 초기 붐업에 기여했다. 이어 2018년 말 카카오페이가 피플펀드, 테라펀딩, 투게더펀딩의 상품을 광고했고, 플랫폼 중 가장 마지막까지 서비스했다.

토스와 카카오페이 외에 뱅크샐러드, 핀크, SSG페이 등도 P2P상품을 광고했지만, 앞서 두 업체만큼 시장에 영향을 주지는 못했고, 심지어 광고상품의 부실과 사기 등으로 부랴부랴 서비스를 폐쇄하는 일까지 있었다.

플랫폼 업체들과 제휴사들의 명암

현재 기준으로 투자 서비스를 재개할 만한 역량과 여건을 갖춘 플랫폼은 카카오페이 정도다. 그간 광고한 상품에서 한 건의 부실도 없었던

만큼, 다시 서비스가 시작되면 신뢰성을 바탕으로 시장을 선도할 가능성이 크다.

토스와 카카오페이는 거의 비슷한 업체와 광고 제휴를 했지만, 원금상환 실적이나 부실율 측면에서 차이가 컸는데, 특히 부동산PF같이 리스크가 큰 상품에서의 차이가 두드러진다. 부실이 없고, 원금상환률이 100%였던 카카오페이 상품을 살펴보면 아래와 같은 특징이 있다.

카카오페이에서 광고했던 부동산개발사업 상품의 특징

① 대부분 은행, 증권사의 부동산금융이나 구조화금융 전문가들이 사업을 통제한다.

② 신뢰도가 높은 사업자가 참여하는 경우가 많다. 잘 알려진 브랜드 건설업체나 대형 투자기관 등이 참여했다는 것은, 각사 내부의 전문가들이 사업을 충분히 검토했다는 반증이다.

③ 대형 프로젝트가 많다. 플랫폼에서 모집하는 규모만 최소 20~40억 원, 최대 60~70억 원의 대규모 프로젝트로, 이 정도 규모의 상품은 카카오페이 같은 대형 플랫폼에서만 원활히 모집이 가능하다.

④ 서울이나 대도시 핵심지역에 위치한 우수한 입지의 상품이 대부분이다.

그 외에도 투자은행IB의 영역에서 다루는 미확정매출 채권이나 기타담보 상품에서도 카카오페이는 단 한 건의 연체나 부실도 없는 등 철저한 광고기준이 적용되어 왔던 바, 개인투자자들을 위해서도 빠른 서비스 재개를 기대해본다.

하루 30분 부동산 투자

빅데이터, 프롭테크 앱으로 부동산 고수!

1판 1쇄 발행 2022년 1월 24일
1판 2쇄 발행 2022년 2월 1일

지은이 주창욱, 방유성, 오용택 **그린이** 박종우 **펴낸이** 이재유 **디자인** 유어텍스트
펴낸곳 무블출판사 **출판등록** 제2020-000047호(2020년 2월 20일)
주소 서울시 강남구 영동대로131길 20, 2층 223호(우 06072)
전화 02-514-0301 **팩스** 02-6499-8301 **이메일** 0301@hanmail.net **홈페이지** mobl.kr

ISBN 979-11-91433-44-9 (13320)

- 이 책의 전부 또는 일부 내용을 재사용하려면 저작권자와 무블출판사의 사전 동의를 받아야 합니다.
- 잘못된 책은 구입하신 서점에서 바꾸어드립니다.
- 책값은 뒤표지에 표시되어 있습니다.